これならわかる

道徳教科書の人物Q&A

FIGURES IN MORAL EDUCATION

石出法太・石出みどり［著］

大月書店

読者のみなさんへ

みなさんは「偉い人」というと、どのような人を想像しますか？　国王や皇帝、天皇、もしくは首相や大統領、大臣、将軍、地主や社長、あるいはスポーツ監督やスポーツ選手、メダリストや大きな賞の受賞者でしょうか。

学者や芸術家、学校の先生はどうですか？　ぜったいにいないと困る医師や看護師、弁護士や警察官、保育士は、「偉い人」ではありませんか？　お店の店員や運転手、道路や橋をつくる人、電気・ガス・水道を整備する人、ゴミの始末をする人、それから自然環境や生き物を保護する人も、みんな大切な人なのに、「偉い人」とはふつうは言われません。

「偉い人」かどうかは、いったい何で決まるのでしょう。偉くない国王や社長はいますし、悪い裁判官や軍人もいます。ですから「偉い人」と判断するのは、わたしたち一人ひとりなのです。でも、あまりよく知らない人について は、テレビやネット等で、誰かに「この人はこういう人で、とても偉いです」と言われると、自分も「あの人は偉い」と思いがちです。

学校や図書館、書店には「偉い人」に関するたくさんの本が並んでいます。いろいろな人がそれぞれに、「あの人は偉い」と考えるのは自然なことです。

偉人伝は子ども向けのシリーズをはじめ、多くの本が出されている。絵本や漫画、物語、さらにネット上の動画もあり、映画化、アニメ化された人物もいる。（『非暴力の人物伝』大月書店、二〇一九年）

小・中学校で使う道徳の教科書は、「よりよく生きる」生き方を考えさせるために、たくさんの「偉い人」を紹介しています。

有名なこの人は「このようにがんばった」「あきらめなかった」「子どものときからやさしい心を持っていた」と紹介されれば、ほとんどの生徒も教員も、書かれたことを疑わないでしょう。

道徳の授業では、「よりよく生きる」とはどのようなことかを考えます。しかしその答えは人によりさまざまです。いろいろな考えがあるのに、「こうしましょう」と特定の生き方をめざすように教えることには、大きな問題があるのではないでしょうか。

道徳の教科書は、有名な歴史上の人物をよく教材にとりあげます。歴史の教科書ではないので、物語風でわかりやすく、印象に残りやすい文章です。

わたしたちがこの本を書こうと思ったのは、そこに「ほんとうだろうか」「おかしいな」と思うことが書かれているからでした。実在の人物の話について、ある一面だけが強調されていたり、現在は否定されている見方や、確かではないことが教科書に書かれているとすれば、注意しなければなりません。

物語を実際のできごと、史実のように書くというのは、戦前の「修身」や「歴史」の教科書がしてきたことでした。戦前の子どもたちは「日本は神が天から降りてきてつくった、世界にひとつの神の国で偉い国、天皇陛下はその子孫」と教えられました。原始時代の生活や石器や土器、貝塚など、科学的なことは何も教えられなかったのです。
当時、多くの人が受けた教育は小学校の教育だけだったので、不思議に思いながらも、教えられた日本のイメージを持ちつづけたことでしょう。歴代の天皇や家臣、武将、軍人などについての記述も、忠君愛国の国民をつくるために、都合のよい部分を強調して書かれたものでした。

今日《こんにち》の歴史学は、戦前の日本とはちがい、科学的な学問です。史資料や遺跡、遺物などをもとに、歴史を解き明かします。人物について学ぶときには、その人個人だけでなく、その人物が生きた時代や社会のしくみを知らなければ、客観的で正しい理解は得られません。

人物のある一面だけを強調したり、歴史研究を土台にしない物語は、「よりよく生きる」ための学習の教材にふさわしくありません。この本では、小・中学校の道徳教科書（小学校は二〇二四年版、中学校は二〇一九年版他）で教材とされたり、名前のあがる人物二〇人をとりあげました。存命中の人物はのぞき、近現代の人物が中心です。

道徳教科書の教材とされる人物はおもに日本人男性で、外国人や女性はわずかです。そのため本書では、外国人や女性を意識的にとりあげました。およそ時代順に並べましたが、読みたいと思うところから読みはじめてください。みなさんがこの本を読んでどなたかと話したり、考えたりするならば、こんなにうれしいことはありません。調べたこと、考えたことをぜひお友達やご家族に、またわたしたちに伝えてください。

『初等科国史　上』。この一九四三年版の「国史」の教科書はそれまでと大きく変わり、「第一　天照大神」は「第一　神国」となった。国生み神話から、天照大神《あまてらすおおみかみ》が瓊瓊杵尊《ににぎのみこと》を高天原《たかまがはら》から大八洲《おおやしま》に遣わしたという「天孫降臨神話《てんそんこうりんしんわ》」ではじまる（絵はその挿絵）。

これならわかる　道徳教科書の人物　Q&A

【目次】

15 外交官 杉原千畝

16 修道女 マザー・テレサ

17 公民権運動家 キング牧師

はじめに　「修身」と「道徳」

明治からアジア太平洋戦争の終結まで約八〇年、その大半において学校教育の基本は教育勅語《きょういくちょくご》にありました。これは大日本帝国憲法発布の翌年（一八九〇年）に、明治天皇の名で国民に対して出されたもので、「忠義」や「孝行」などの徳目をあげ、天皇とお国のためにつくすという国民道徳を定めたものでした。

学校では、今日の「道徳」に当たる「修身」がもっとも重要な「筆頭教科」とされ、政府が定めた国定教科書が全国で一律に使われました。教科書は四回改訂がおこなわれましたが、教科書に書かれたことを疑うことは、許されないことでした。修身の教科書では、教育勅語がかかげる忠義や孝行などの徳目にあわせ、歴史上の人物が都合よく利用されました。教科書は軍国主義、超国家主義を鼓吹《こすい》するものとなり、国民を戦争に駆り立てる役割を担ったのです。

日中戦争が深刻化するなか、アジア太平洋戦争が開始される一九四一年、小学校は国民学校となります。「修身」の第一・二学年用教科書は『ヨイコドモ』と名をあらため、下巻の「第十九課　日本ノ国」には「日本ヨイ国、キヨイ国。世界ニ　一ツノ　神ノ国。日本ヨイ国、

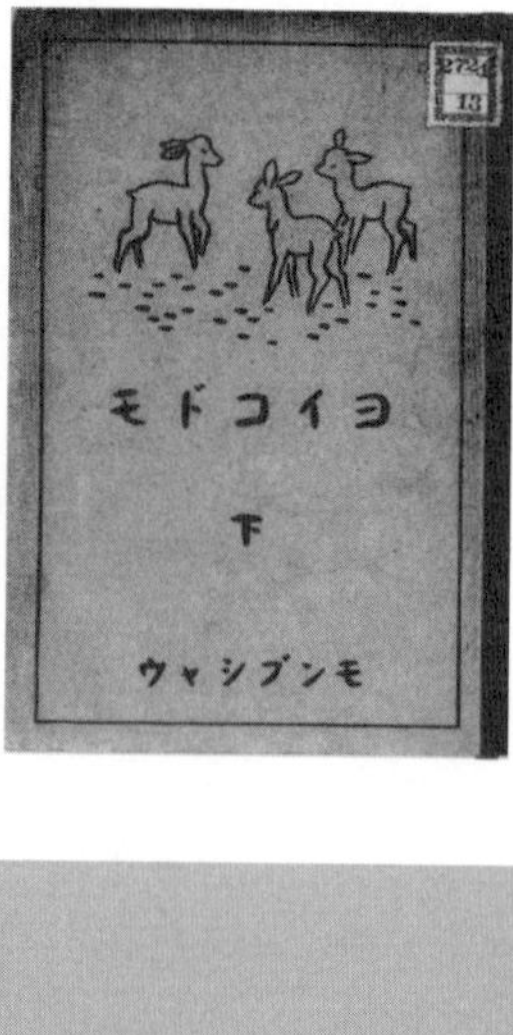
ヨイコドモ
下
モンブシヤウ

日本 ヨイ 國、
キヨイ 國、
世界ニ 一ツノ
神ノ 國。
日本 ヨイ 國、
強イ 國。
世界ニ カガヤク
エライ 國。

強イ国。世界ニ　カガヤク　エライ国」とあり、戦争と教育の関係がよく示されています。

敗戦後、占領軍によって日本歴史・地理の授業とともに、「修身」の授業も停止されます。そして国会では、民主的で平和な国家をめざすとして、教育勅語の排除が決議されました。それでもやがて、敗戦による大きな転換を認めようとしない保守層から、学校教育で道徳を教えようという動きがあらわれます。これは「修身教育の復活だ」と厳しく批判されました。しかし政府は一九五八年から小中学校で、教科のひとつではなく特別教育活動として「道徳の時間」を開始しました。

そして現在「道徳」は「特別の教科」となり、小中学校では文部科学省の検定に合格した教科書で授業がおこなわれています。保守層は本格的な道徳教育の再興と歓迎し、戦前と同じような「努力して国につくす人」「素直で従順な人」づくりを期待しています。

二〇一五年に政府が親切、礼儀、公正、生命の尊さなど二二の内容項目を定め、「道徳」が成績を評価される教科となったとき、そして教科書検定の際には大きな注目を集めました。しかしその後ほとんど報道はなく、社会の関心は薄れがちです。

教科書検定の際には愛国心の扱いや、修身で大きく扱われていた二宮金次郎をとりあげた教科書が問題になりました。二宮金次郎以外にも、かつて「修身」の教材となった人物が何人も再び登場しています。アジア太平洋戦争の敗戦からおよそ八〇年たった今、それらの人びとはなぜ道徳教科書の中で復活したのでしょうか。そしてどのように教えられているのでしょうか。本書では、修身教育が果たした役割をふり返り、現在の道徳教科書の中の人物から何を学ぶことができるのかを考えたいと思います。

1

地理学者　伊能忠敬《いのうただたか》（1745〜1818）

——商才ある合理的精神の持ち主

江戸時代の中ごろに生まれた伊能忠敬は、戦前から教科書にとりあげられている人物です。彼は実地に測量し、正確な日本全土の地図を初めてつくりました。いまからおよそ二〇〇年前のことです。しかし教科書では隠居後に勉強し、全国を歩いて地図をつくったことだけが強調され、地図づくりの動機や経過はくわしく書かれていませんでした。

Q1 忠敬は教科書でどのように取りあげられているのですか。

A 一九〇四年に登場した最初の国定教科書では「国語」、その後は「修身」で、一九四一年改訂の最後の国定教科書まで、忠敬は教材として生きつづけました。今日では、文部科学省が定める小学校社会科の学習指導要領で、学ぶべき歴史上の人物四二人のなかの一人にあげられ、中学の歴史や高校の日本史の教科書でもとりあげられています。

修身の国定教科書での忠敬の描かれ方は少しずつ変化しましたが、大きな変わりはありません。初めて修身にとりあげられた第二期（巻六・一九一〇年）の教科書を見ると、「第十八と十九課　勤勉」「第二十課　迷信を避けよ」「第二十一課　師を敬え」の三つのテーマがあてられています。

その内容は、忠敬は伊能家に婿《むこ》入りし家業に励んで成功した、隠居後は江戸に出て高橋至時《よしとき》★1について学び、迷信を否定した、五六歳のときに地図をつくりはじめ、七二歳まで日本全国を実地測量し、初めての実測による日本全図の作成をなしとげた、というものです。

地図づくりの具体的な説明はほとんどなく、ただ地図をつくったというだけで、忠敬の実績は「勤勉」「倹約」「師弟」といった言葉で説明されています。「偉い人」とされた忠敬像は、教育勅語の徳目がめざす国家が期待する国民像でした。

今日の道徳★2教科書でも伊能忠敬をとりあげたものがあります。そこで学ぶとされる道徳の内容項目は、「真理の探求」とされています。また、中学の歴史★3教科書には、地図作成の背景や、学問の発達との関連を記したものがあります。

★1　江戸時代の天文学者。

★2　日本文教出版の小学六年の道徳教科書（二〇二四年版）の「『地球を一周歩いた男』——伊能忠敬」では、忠敬が高橋至時に学んだこと、地球の大きさを知ろうとしたこと、蝦夷地《えぞち》から全国を歩いて正確な地図を作成したことが書かれている。

★3　帝国書院の中学の歴史教科書（二〇二一年版）の本文中には「西洋の知識は測量術を進歩させ、伊能忠敬はその技術を基に正確な日本地図を作成しました。測量術や天文学が急速に進歩した背景には、外国船の来航により日本の地図を正確に作る必要があったことや、測量の基礎技術である和算が広まったこともありました」とある。

香取市佐原の伊能忠敬旧宅所在地とその周辺

Q2 隠居する前、忠敬は何をしていたのですか。

A 隠居以前の忠敬についても知る必要があります。彼は一七四五年、上総国《かずさのくに》山辺郡小関《こせき》村（現在の千葉県九十九里町）に生まれ、一七歳のときに主人が亡くなっていた伊能家の婿養子となりました。

伊能家は佐原（現在の千葉県香取市）で代々名主などを務め、酒造・運送・金融などを営む大商家でした。修身の教科書では、忠敬が伊能家に入ったころは家運が傾いており、そこから苦労して忠敬が家を再建した★1とされています。しかし今日では、当時の伊能家の家業は若干の縮小はあったにしろ、大商人であったというのが定説です。忠敬は商人として成功し、三九歳のときには名主の上に立つ村方後見《むらかたこうけん》になりました。

天明★2の飢きんが起こると、佐原も不作、大洪水と大きな打撃をうけました。忠敬は被害をうけた人々の救援に取りくみ、大量の米を買いつけて貧しい人々に与えたり、経営が苦しい米屋などを援助したりしました。このため佐原では、民衆が生活に困って米屋などを襲う「打ちこわし」が起こらなかったといわれます。名主としての仕事ぶりは、修身の教科書があげる「勤勉」や「倹約」よりも、商才があり、合理的・実利的な精神が身についていたからではないかと指摘されます。

★1 戦前の教育では「苦しい生活に負けずにがんばった偉い人」というイメージが強調された。

★2 天明年間（一七八一～八九年）に全国的に起こった飢きん。とくに八三年の浅間山の噴火、冷害凶作は深刻な影響をもたらした。農民が田畑を捨てて村を離れ、農村の荒廃をまねいた。

伊能忠敬旧宅〈cc by katorisi〉

天明の飢きんをのりきったころ、忠敬は四〇代になっていました。家業は順調で、村人から慕われ、領主からの信頼もあつかったようです。そして四九歳のときに家督を息子に譲って隠居し[★3]、江戸の深川黒江町で学究生活をはじめました。

Q3 どうして日本の地図をつくろうと考えたのですか。

A 当初、忠敬の関心は暦《こよみ》をつくる暦学《れきがく》にありました[★1]。日本では平安時代から中国の暦を使っていましたが、一七世紀末に天文学者の渋川春海が、中国元朝の受時暦《じゅじれき》をもとに貞享暦《じょうきょうれき》をつくりました。しかし一〇〇年ほどたつと多くの誤差がうまれ、新しい暦をつくろうとする動きがでてきました。

一七九五年、五〇歳で江戸に出た忠敬は、幕府天文方の高橋至時に弟子入りします。高橋は忠敬より一九歳年下でした。忠敬は暦学と天文学の勉強に取りくみ、天体観測の器具なども自ら購入し、自宅に観測場を設けます[★2]。

彼は勉強するにつれ、正確な暦をつくるには地球の形や大きさを知る必要があると考えました。これは高橋至時ら天文学を学ぶ人々の関心の的でしたが、それには地球表面にそった子午線（経線）の弧の長さの測量が必要でし

★3　長男は二〇代になっており、当時は四〇代での隠居はめずらしいことではなかった。

★1　忠敬は佐原にいるときから、ヨーロッパの最新知識を取り入れた天文学や暦学の書籍を手に入れ、勉強していたようである。

★2　毎日のように天体観測をおこない、外出しても決まった時刻がくると即座に自宅に帰って観測をおこなっていたといわれる。

た。そのためには、少なくとも江戸から蝦夷地《えぞち》（北海道）くらいまでの距離を測定しなければなりません。至時は、熱心な忠敬に測量をやらせてみようと考えました。

至時は幕府から蝦夷地測量の許可を得ようと尽力します。一八世紀の後半、蝦夷地周辺にはロシアやイギリスなどの船が出没するようになり、幕府が危機感を強めていたときでした。[★3]

ようやく許可がおり、忠敬ら測量隊が蝦夷地測量に旅立ったのは、一八〇〇年のことです。測量は悪天候や険しい地形など困難に直面し、すでにおこなわれていた[★4]間宮林蔵の測量データがかなり利用されました。幕府はこうしてできた地図を高く評価し、忠敬はひきつづき伊豆・東日本の海岸の測量を命じられました。

Q4 どうやって正確な日本地図をつくったのですか。

A 江戸時代に広く流布していた日本地図は「赤水図《せきすいず》」です。水戸藩の儒学者・長久保赤水[★1]がつくったもので、色刷りで、日本で最初の経緯線の入った地図です。これは伊能忠敬の実測図ができる四〇年以上前のもので、実測図ではありませんが、その精度に驚かされます。

★3　一七九八年に幕府は大規模な蝦夷地調査隊を派遣し、翌年には松前藩に支配をまかせていた東蝦夷地を幕府の直轄領とした。

★4　一七七五か一七八〇～一八四四年。農民出身で幕府の役人となり、北方を探検、地図も作成した。サハリンが島であることを確認し、間宮海峡を発見した。

★1　一七一七～一八〇一年。藩主の侍講（専属教師）となり、六三歳のときに『改正日本輿地路《かいせいにほんよちろ》程全図《ていぜんず》（赤水図）』を完成させ、翌年大坂の版元から発刊された。

忠敬の日本地図は一八〇〇年から一八一六年まで、一七年にわたって全国を歩いて測量した、日本で初めての実測図でした。海岸線にそって日本列島の形があらわされ、内陸部は描かれず、土地の高低もわかりません。しかし海岸線や街道は実に精密で、緯度と経度が示されています。

そして測量が難しく実測できなかったところには、「不測量」と書きこまれています。これは測定をしない、いいかげんな地図はつくらないぞという意志のあらわれで、忠敬の実証的な考えと地図の精度への自信、誠実さを示しています。

測量方法はすでに知られていたもので、とくに新しい技術ではありませんでした[★2]。田畑や宅地を測るのと同じ方法で、全国を測ったのです。ただ彼は誤差をなくすために測量器具を工夫し、天体観測を徹底的におこないました。

忠敬の全国測量は、それまでに蓄積された知識と、蘭学《らんがく》と呼ばれたヨーロッパからの新しい知識をもとにおこなわれました。また幕府や測量に関わる地域の人々の協力も重要でした。一八〇五年から西日本でおこなわれた第五次測量は、幕府直轄の事業となります。彼は前年に幕府の役人となっており、測量隊は幕府直属の組織として、費用の心配はいらなくなりました[★3]。それまでは彼がかなりの費用を負担していたようです。

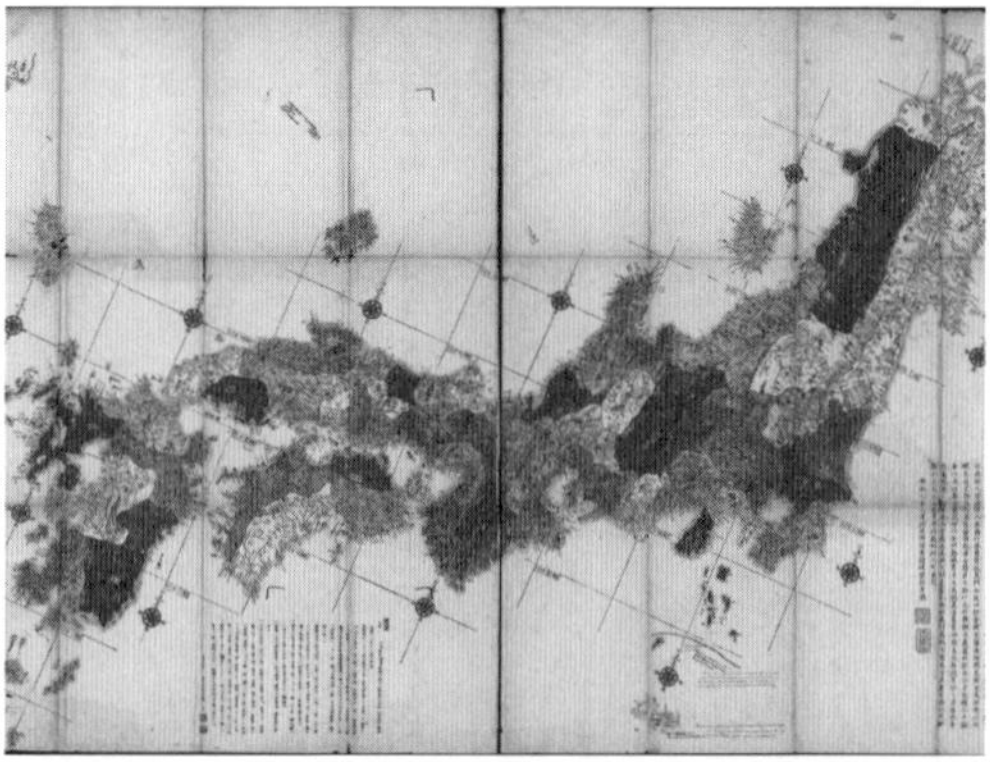

長久保赤水の日本地図

★2　距離をはかるには間竿《けんざお》、間縄《けんなわ》、鉄鎖《てっさ》を用いた。歩測による測量は第一次の蝦夷地測量のときだけのようである。箱に車輪がついている量程車は誤差が大きく、あまり使い物にならなかったようだ。

★3　幕府の事業となり、諸大名の協力も得ることができた。

Q5 忠敬の地図は秘密にされていたのですか。

A 伊能忠敬の測量隊が作成した地図は「伊能図」と呼ばれ、日本全土の地図を『大日本《だいにほん》沿海輿地全図《えんかいよちぜんず》』といいます。これは畳一枚ほどの大きさの大図（三万六〇〇〇分の一）二一四枚からなり、縮小した中図八枚、小図三枚と、三種類の大きさで描かれています。完成は一八二一年で、江戸城内、将軍の図書館である紅葉山《もみじやま》文庫におさめられました。しかし忠敬はこの三年前に七三歳で亡くなり、地図は天文方の役人と弟子たちによって完成されました。

紅葉山文庫は書物奉行の管轄で、奉行は天文方の高橋至時の息子の高橋景保《かげやす》がかねていました。地図は写しもつくられましたが、幕府の秘図とされ、一般には知らされませんでした。

景保は長崎出島の商館の医師シーボルトから本を譲られ、お礼に『大日本沿海輿地全図』の写しを贈りました。しかしこれが発覚し、景保は国外持ち出し禁止の日本地図を贈った罪で捕えられ、獄死[★1]した身に死罪が下されるほどの厳罰をうけました。一八二八年のシーボル

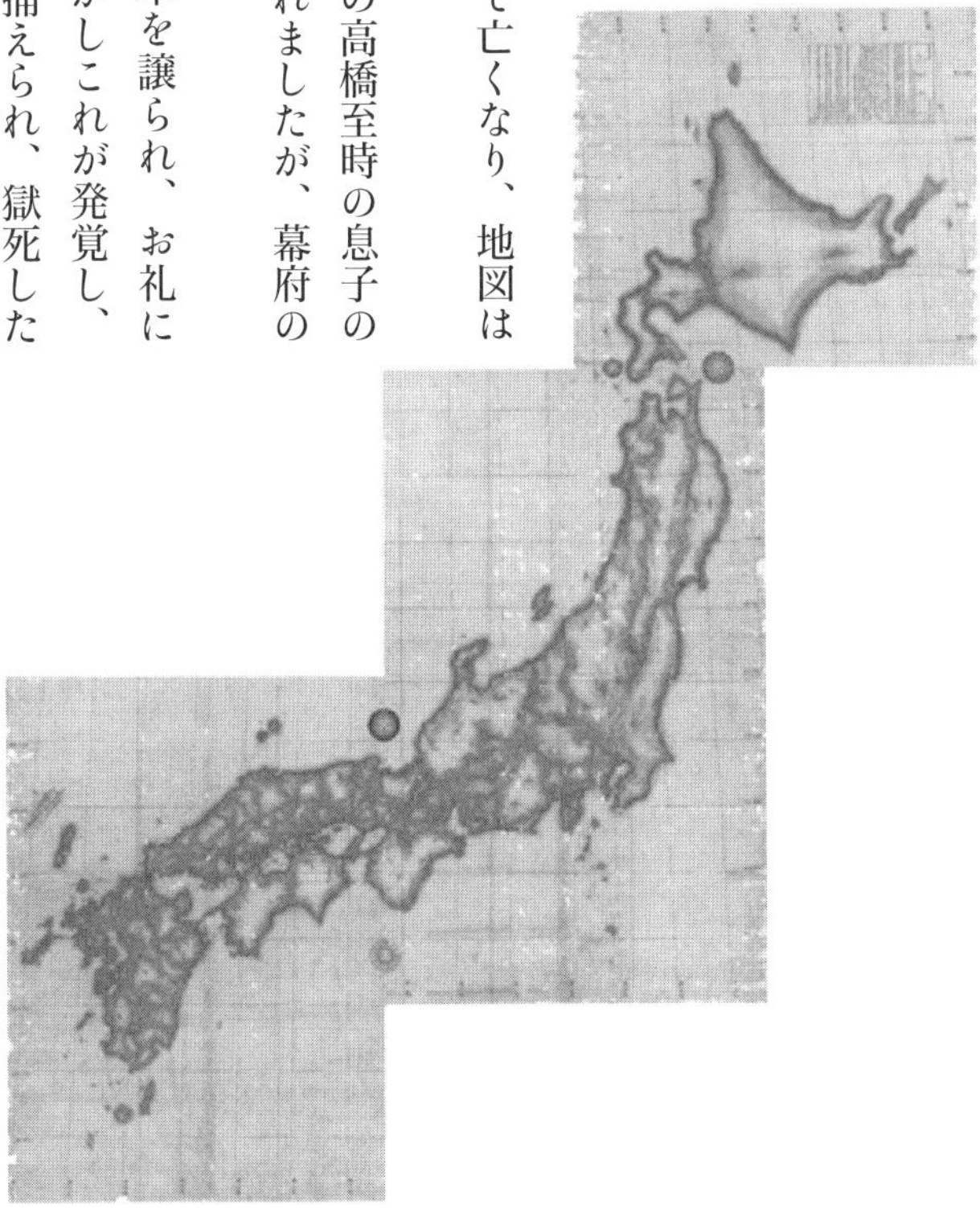

大日本沿海輿地全図

ト事件です。

シーボルトは地図を没収され、国外追放となります。しかし著書『日本』でシーボルトはこの地図をとりあげ、間宮海峡の存在をヨーロッパに紹介しました。★2

幕末開港後になると状況は変わり、幕府は日本沿海の測量に来たイギリスの測量船に、『大日本沿海輿地全図』の写しを渡しました。★3明治に入ると、国土地理院の前身である内務省地理局や陸軍省が活用し、海図の作成にも利用されました。誤差が少なく正確な伊能図は、政府が全国の三角測量を終える昭和のはじめまで、日本地図の基本でありつづけました。

★1　シーボルト事件は、シーボルトからの手紙を間宮林蔵が幕府に届け出たために発覚したといわれる。林蔵は忠敬の指導を受け、蝦夷地の海岸線の測量をおこなっていた。

★2　シーボルトは密かに地図の写しをつくり、持ち出していた。

★3　イギリス側が伊能図の精度に驚いて測量を中止して引き上げたというのは事実ではなく、補足的に沿海を測量している（星埜由尚『伊能忠敬』山川出版社、二〇一〇年）。

さらに読んでみよう

小島一仁『伊能忠敬』三省堂、一九七八年
渡辺一郎・鈴木純子『図説　伊能忠敬の地図を読む　改訂増補版』河出書房新社、二〇一〇年
星埜由尚『伊能忠敬――日本をはじめて測った愚直の人』山川出版社、二〇一〇年

2 米沢藩主 上杉鷹山《うえすぎようざん》（1751〜1822）——理想化された「名君」

上杉鷹山は江戸時代中期の出羽国《でわのくに》（現在の山形県、秋田県）米沢藩第九代の藩主です。少年時代に儒学者の細井平洲《へいしゅう》に師事し、君主として心構えを学びました。藩主となった鷹山は、財政が行きづまった藩の改革に取りくみ、藩財政を少しずつ好転させました。鷹山は江戸時代の大名のなかで「名君」といわれます。

Q1 上杉鷹山は戦前の教科書で、どのように取りあげられていたのですか。

A 上杉鷹山はさまざまなテーマで、繰りかえし修身の教科書に取りあげられました。これは明治天皇、二宮金次郎（尊徳）に次ぐ多さです。

たとえば第一期の高等小学修身書（一九〇四年）一学年では、「第十一課 志を堅くせよ」（米沢藩主となった鷹山が上杉家を立てなおすことを志したこと）、

「第十二課　倹約」（細井平洲に学んだこと、彼がいかに倹約したかを伝える鷹山の木綿《もめん》の襦袢《じゅばん》をたまわった家臣の話）、「第十三課[★1]　産業をおこせ」（鷹山が産業を奨励したこと）、「第十四課[★2]　孝行」（父重定への孝行）と四課にわたって書かれています。さらに第三期の尋常小学修身書（一九一八年）の巻三には、「第八　師をうやまえ」というテーマで、鷹山が師の細井平洲を米沢に招いたときの対応がとりあげられています。

　現在の中学校の道徳教科書[★3]には、修身の教科書と同じような内容が、物語ではなく歴史的にくわしく書かれています。テーマは「領民を愛した名君上杉鷹山」、冒頭には「名門上杉家の財政破綻」として、修身の教科書にはなかった米沢藩の事情が書かれています。また「家臣の反乱」として、改革への反発もとりあげています。

　そして三五歳で隠居し、米沢藩の改革が全国の手本にされたとしますが、最後は修身の教科書と同様の「なせば成る　なさねば成らぬ何事も　成らぬは人の　なさぬなりけり」という有名な言葉でまとめられています。「孝行」や「師をうやまえ」の話はありません。

★1　農業振興、養蚕業をすすめたこと、さらに女性にも職業を与えようと機織《はたお》り職人をやとって米沢織が生まれたことが書かれている。

★2　父が好む能を学んで楽しませ、倹約のなかでも父の屋敷の拡張を認めた。

★3　学研二〇二〇年版、中学三年。

Q2

米沢藩の改革の背景には何があったのですか。

鷹山が隠居後に住んだ屋敷跡（米沢市観光課提供）

A

一八世紀になると幕府や他の諸藩と同様、米沢藩の財政も、税収の減少、貨幣経済の発達にともなう支出の増大によって大きな危機をむかえました。藩は借《かり》上《あ》げ（家臣に対する減給）や商人への借金で対応し、一七五〇年からは家臣の俸禄《ほうろく》は「半知《はんち》借上げ」となって五割も減らされました。

最大の危機をむかえた宝暦年間（一七五一～六三年）、借金は二〇万両（現在の価値でいうと二〇〇億円くらい）をはるかに超えていたといわれます。借入先は越後《えちご》から遠く江戸、上方にまで及びました。一七五五年には凶作によって飢きんがおこり、餓死者が続出、多数の農民が領地から逃亡しました。農民の逃亡は、この領主は農民の生活を保障できない、「仁政」をおこなえないという農民の絶望によるものであり、領主としての資質を否定されるようなものでした。

この年農民たちは、米沢城下で打ちこわしも起こしました。そのうえ首謀者の四名は、上杉家の下級武士でした。俸禄を半分に減らされた不満は、武士の主従関係をも揺るがしたのです。

こうしたなか、八代目藩主上杉重定のもとで、藩政の実権を握った側近の森平右衛門《へいえもん》がこの難局に立ち向かいました。★1 しかし失敗し、一七六三年、森は城内で殺害されました。

森を殺害したのは江戸家老の竹俣当綱《たけのまたまさつな》と、儒学者で藩医の藁科松伯《わらしなしょうはく》を中心とする菁莪社中《せいがしゃちゅう》の人たちでした。★2 菁莪社中とは松伯の家塾・菁莪館に集まっていた人たちで、中級の武士が多かったといわれます。

★1　一七六二年には人別銭という領民一律にかける人頭税を導入。しかし半知借上げの継続、重臣が罷免される一方で森一族が登用されるなどし、森の政治への不満が高まった。

★2　竹俣は藩主になるまで江戸藩邸で過ごしていた鷹山に、君主としての心構えをたびたび説いた。松伯も素読の師範として、藩の実情や君主のあり方などを鷹山に語ったとみられる。

国家老《くにがろう》となった竹俣は、重定に隠居をすすめ、一七六七年に一七歳の鷹山が米沢藩主となりました。改革のために、藩をまとめ指導力を発揮しうる藩主が必要でした。鷹山の登場と改革の背景には、この改革派の菁莪社中の人々がいたのです。

Q3 米沢藩の改革はどのようにおこなわれたのですか。

A 改革は長期にわたりました。前半は明和・安永の改革といわれ、藩主鷹山の信任を受けた竹俣当綱の強力な主導で「富国安民」をかかげ、まず大倹約令からはじめられました★1。

農村政策では代官の一部を罷免《ひめん》し、あたらしく副代官、廻村横目《かいそんよこめ》、郷村《ごうそん》出役《しゅつやく》★2という役職をおきました。これは農民への取りしまりを強め、荒廃した農地の再開発と新田開発をおこなうためでした。さらに生産物を増やす殖産政策や商業統制など、改革は多方面にわたり、江戸や酒田、越後などの商人の協力もありました★3。

しかし改革は藩の財政や家臣の困窮の解決を優先したので、農民の税負担はいっそう重くなりました。商品作物として売れる漆《うるし》・桑《くわ》・楮《こうぞ》をそれぞれ一〇〇万本植えつける計画も、農民がいますぐ育てたい作物ではなかったため、

★1　鷹山は、それまで年間一五〇〇両だった藩主の江戸での生活費を二〇九両に削減、衣食は綿衣、一汁一菜とするなど自ら率先実行した。一両の価値は時代によってちがうが、現在でいうと五万〜一〇万円といわれる。

★2　年貢徴収など農村支配は代官のもとでおこなわれ、廻村横目は領内をまわって役人の仕事を監察し、郷村出役は領内各地に駐在して農村行政にあたった。

★3　金融支援や借金の負担を軽減するなどの協力があった。

うまくいきませんでした。結局、この前半の改革は天明の飢きんにも見舞われ、挫折します。竹俣当綱は失脚し、鷹山も一七八五年に家督を治広《はるひろ》に譲って隠居となりました。

後半の寛政の改革では、前半の改革で竹俣を補佐した莅戸善政《のぞきよしまさ》が、一七九一年に中老職★4に登用され、鷹山が藩主後見として指導力を発揮しました。この改革は前半の改革を継承し、広く中・下級武士などにも改革政策に対する意見を求めておこなわれました。★5

藩の財政窮乏の根底には極限に達した農村の貧困があり、増税は限界でした。改革の焦点となった農村政策では、前半の改革失敗の経験から、世襲代官の廃止、監視役とした廻村横目の廃止、税を納める日の決定は村の願いを認めるなど、厳しかった農民への支配がゆるめられ、支配方法は大きく変わりました。

こうした上で、再び殖産興業策がとられました。なかでも養蚕業と織物業が奨励され、藩の財政や農村復興の基盤となりました。そして後半の改革においても、負債の軽減や資金繰りなどには大商人の協力が不可欠でした。★6

改革は一九世紀初頭、鷹山熟年期における莅戸善政の子政以《まさもち》による改革へとつづけられます。

莅戸善政像（米沢市上杉博物館提供）

★4　家老を補佐する役職だが、米沢藩では家老、家老相当職だった。

★5　莅戸は農工商の民を武士と同じく国（藩）を構成する「御国民」と位置づけ、藩の政策は「御国民」全体のためと考えた。危機克服のための農民の協力は村役人層にまで広まったとされる。

★6　後半の改革を通じて耕地面積と農民人口の増加がみられ、農民は養蚕により豊かな生活がえられるようになった。また、織物の家内工業が中・下級武士の生活を救済し、武士人口の減少が止まった。

Q4

上杉鷹山が「名君」と呼ばれるのはなぜですか。

A

長雨と冷害が重なった天明の飢きん（一七八二～八八年）は、東北地方の諸藩に甚大な被害を与えました。一七八三年に岩木山（青森県）と浅間山（長野県）があいついで噴火し、空気中の火山灰は日光をさえぎって冷害を深刻化させました。農村では餓死者があふれ、その屍肉《しにく》を食う者も現れるほどでした。幕府の救済策は十分とはいえず、打ちこわしや一揆が続発、各藩に財政の再建が求められました。

米沢藩は前半の改革のさなかでしたが、飢きんのため改革は中断されます。しかし米沢藩は犠牲者を最小限におさえたとされ、藩主の鷹山は高く評価されました。同時代の蘭学者・杉田玄白★1は鷹山を「賢君」と呼び、尾張藩主や熊本藩主、幕府老中の松平定信★2もその治世を評価しました。

鷹山は存命中から「名君」とされましたが、彼の周囲には藩政改革を担った人々、「名君」をつくりだした人々がいました。

困難な改革を進めるには、下級武士、農民、商人、すべての領民の協力が不可欠です。そのため、莅戸は積極的に君主の徳を演出し、広く人々に知らせました。藩主の上杉家が率先する行動を見本として、領民の行動に影響を与えようとしたのです。莅戸の強い要請をうけた鷹山は、自分は「民の父

天明の飢きんのようす『天明飢饉之図』

★1　一七三三～一八一七年。前野良沢らとオランダの解剖書『ターヘル・アナトミア』を翻訳、『解体新書』として刊行した。

★2　一七五八～一八二九年。八代将軍吉宗の孫で、陸奥白河藩主。老中となり寛政の改革を断行した。

母」であるとの心構えを持って行動し、「子」である領民を慈《いつく》しんで、その手本となろうとしました。

のちに莅戸は、鷹山の逸話を集めた言行録を執筆します。これにより「名君」と「仁政」のイメージはいっそう広まりました。理想化された藩主の実像に迫るには、当時の社会や時代背景とともに、逸話の検証と藩主が果たした政治的役割を確認する必要があります。

Q5 プロイセンのフリードリヒ二世と鷹山には共通点があるのですか。

A 江戸時代、儒教の教えでは、君主はその徳によって人民を教化し国を治めるとされ、支配者である武士は民の生活を安定させる「仁政」を施さなければならないとされていました。★1 家の存続に責任がある武士にとって、その基盤となる領地と領民の生活の安定は欠かせません。

鷹山は一七八五年に新藩主に家督を譲る際に、三か条の訓示で、「国家」は先祖より子孫へ伝えるもの、「人民」は国家に属するもの、「君主」は人民のためにあるものだと強調しています。ここでいう「国家」とは領国である藩、「人民」とは領民をさします。「君主」である藩主には「仁政」が求められますが、この「仁（いつくしみ、思いやり）」とは対等な相手に向けるもの

★1　生活が困窮した領民が一揆で掲げる要求は「仁政」で、武士は道徳的にはその要求に応える必要があった。しかし江戸中期以降、武士の多くはこの要求に応えることができなくなっていた。

ではなく、被支配者に向けるものでした。

明治時代に新渡戸稲造（↓8章）は著書『武士道』のなかで、鷹山の三か条の訓示と★2プロイセンのフリードリヒ二世★3が自身を「国家第一の公僕《こうぼく》」★4と称したことは同じである、そして封建制はけっして専制君主制や圧制ではない、と紹介しました。新渡戸は君主は人々のために存在し、支配者ではないと強調したかったのでしょうか。

しかしフリードリヒが自分は「国家第一の公僕」だと宣言しても、彼は専制君主的な地位、権力を手放してはいません。君主の立場から近代的な改革をすすめたフリードリヒは、啓蒙専制君主の一人です。彼ら啓蒙専制君主は、産業や貿易の振興、軍事力の強化などによって、自国の発展をはかろうとしました。そのためには柔軟な姿勢が必要で、被支配者である国民にいくらかの権利を認めても、それは君主が与えた恩恵で、君主の権力をおぎなう範囲内で許したものでした。鷹山もフリードリヒも、「上から」の改革をすすめた君主です。

明治以降、天皇が君主となり、国民を臣民（家来）として「富国強兵」をめざすなかで、鷹山は「富強」実現につながる藩政改革で一定の成果をあげた君主として、ひきつづき高く評価されました。鷹山が国定教科書で長くさまざまに取りあげられた背景は、このあたりにあるのではないでしょうか。★5

フリードリヒ二世

★2　エルベ川以東を中心としたドイツ東部の地域で、ドイツ騎士団領にはじまり、一七〇一年にプロイセン王国となる。一九世紀後半には勢力を拡大、ドイツ統一の中心となった。

★3　一七一二〜八六年。啓蒙専制君主として「上からの改革」をすすめ、ヴォルテールを招いて開明的な政策をとった。軍事力を強化し、周辺国との戦争を重ねて領土を拡大した。

★4　広く人々に奉仕する人。

★5　明治以降の資本主義的な経済発展にこたえ、また期待される道徳観にも鷹山の生き方が適っていると考えられた。

さらに読んでみよう

小関悠一郎『上杉鷹山と米沢』吉川弘文館、二〇一六年
小関悠一郎『上杉鷹山——「富国安民」の政治』岩波書店、二〇二一年

3

政治家

リンカン（1809〜1865）

——国の分裂を許さなかった大統領

アメリカで「偉大な大統領は誰か」と尋ねると、ワシントン、リンカン、F・ローズヴェルトの名があがります。なかでもリンカンは、評価も人気も高い大統領です。南北戦争時の指導者で、奴隷解放宣言を出し、戦争後に暗殺された悲劇の人物だからでしょうか。日本の道徳の教科書もリンカンを「奴隷解放の父」として、大きくとりあげています。★1

★1　学研二〇二四年版、小学六年。

Q1

「自由州」と「奴隷州」とは、何のことですか。

A　一九世紀半ばのゴールド・ラッシュ★2のころ、アメリカの州は独立時の一三州から三〇州に領土を広げていました。このうち、奴隷制を法で認めない自由州は一五州、法で認める奴隷州が一五州で同数でした。

北部では工業が発達し、資本家たちが支持する共和党は、新しく成立する

★2　一八四八年、カリフォルニアで金鉱が発見されて人々が殺到したこと。

州が奴隷制を認めることに反対しました。ただし、すでに奴隷制を認めていた奴隷州に、やめろと反対したのではありません。経済発展を望む彼らには大量の安い労働力が必要で、奴隷よりも自由な労働者を必要としていました。リンカンもこの立場でした。

一方、南部の農園主たちは、大規模農業（おもに綿花栽培）に多くの奴隷の労働力を必要とし、西部に農園を広げる上でも奴隷州の拡大を望んでいました。彼らが支持する政党が民主党です。これは、表面的には奴隷制をめぐる対立に見えますが、実際には政治・経済政策の主導権争いで、人道的な立場から奴隷制反対が主張されたわけではありませんでした。北部の人々が奴隷制に反対していたというのは、正確ではありません。

一八五〇年、カリフォルニアが自由州として州に昇格。一六州対一五州となり、南部が反発しましたが、逃亡奴隷法を厳しくすることで合意しました。[★3]

一八五四年カンザス・ネブラスカ法が成立し、この二つの準州[★4]が自由州になるか奴隷州になるかは、住民投票で決めることになりました。緊張がはりつめるなか、カンザス準州で奴隷制支持派と武力でたたかおうとしたのが、農場経営者のジョン・ブラウンです。

一八五九年、白人の彼は三人の息子を含む仲間二一人と、南部ヴァージニア州のハーパーズ・フェリーにある連邦軍の武器庫を襲撃し、占領しました。自分たちにつづいて黒人奴隷が反抗することを期待したのです。

しかし蜂起は起こらず、ブラウンらは降伏し、ヴァージニア州の裁判で死

自由州と奴隷州（一八六一年ごろ）

★3　逃亡した黒人奴隷は逮捕され奴隷主に引き渡されるという連邦法。一八五〇年に成立し、北部の自由州にも適用された。

★4　アメリカで新たな地域が州になる前に、その準備として設定された行政区域で、準州は成年男性人口五〇〇〇人以上、州は六万人以上とされた。準州は州と同様に州政府があったが、連邦議会に議員を送れないなどの制約があった。

刑となりました。この事件は北部の新聞や雑誌で大きく取りあげられ、その死をうたった歌は南北戦争中の北軍兵士の行進歌となりました。みなさんもきっと聞いたことのあるメロディ[★5]です。

★5 「リパブリック讃歌」と呼ばれアメリカの愛国歌となっている。日本ではメロディをもとにいくつもの替え歌がある。

Q2 奴隷解放のためにたたかったのは、どんな人たちですか。

A 奴隷の抵抗手段としてもっとも多かったのは、逃亡です。その逃亡奴隷を助けるために、衣食や寝床を与え、奴隷制度のない北部やカナダへ逃がす非合法の組織「地下鉄道」が生まれました。

メンバーは奴隷廃止主義者や、キリスト教の宗派のひとつで平等主義をとなえるクエーカー教徒などです。地下鉄道の「駅」とは逃亡奴隷の宿泊所のことで、彼らを案内する「車掌」は各地の「駅員」と連絡をとりながら、安全な「輸送」をめざしました。[★1]

黒人奴隷のフレデリック・ダグラス（一八一八〜九五年）は一八三八年、二〇歳くらいのときに北部に逃亡しました。読み書きができた彼は、黒人への偏見や評価を変えるために新聞『ノーススター[★2]（北極星）』を創刊し、他の奴隷廃止を訴える新聞とともに大きな影響を与えました。一八四五年に出版した『フレデリック・ダグラス自叙伝』はベストセラーとなり、「自叙伝

フレデリック・ダグラス

★1 「地下鉄道」の活動に参加した白人も多く、『アンクル・トムの小屋』の作者ハリエット・ストウもあげられる。「地下鉄道」によって救出された奴隷は、一八三〇年から三〇年間で、およそ六万人といわれる。

★2 ダグラスは一八四一年に奴隷制反対協会に加入し、一八四七年に新聞『北極星』を発行した。紙名は逃亡奴隷が北極星をたよりに奴隷制のない地をめざしたことに由来する。

を書いた元奴隷」としてイギリス各地でも講演しました。リンカンとも交友があり、黒人の参政権についても協議をしています。彼はほかにもさまざまな社会改革運動に関わりました。★3

地下鉄道の優秀な「車掌」の一人に、ハリエット・タブマン（一八二二〜一九一三年）がいます。彼女は一八四九年に逃亡に成功、その後二〇回近くも南部に入り、三〇〇人以上の逃亡を助けました。このため彼女の逮捕には、四万ドルの懸賞金がかけられました。

生命の危険をおかして仲間を救った彼女は、『旧約聖書』にあるヘブライ人（ユダヤ人）を率いてエジプトを脱出したモーゼにちなんで「女モーゼ」と呼ばれ、南北戦争では北軍に協力し、奴隷解放の後も黒人と女性の権利のために活躍しました。★4 彼女は奴隷解放宣言前のリンカンを批判し、「奴隷の完全な解放なくして、真の連邦の統一はありえない」と考えていました。

Q3 リンカンが大統領に選ばれたのは、奴隷解放を主張したからですか。

A ちがいます。リンカンは奴隷制の即時廃止には反対し、ジョン・ブラウンの決起をきびしく非難していました。そのため、彼が大統領に選ばれたとしても、南部は大きな抵抗をしないだろうと考えられていました。

★3 ダグラスは「公民権運動の父」とも呼ばれるが、南北戦争後も黒人を取りまく環境は大きく変わっていないとして、一部の黒人から批判された。

ハリエット・タブマン

★4 晩年は身寄りのない元奴隷や、戦死した黒人兵の遺族への支援をつづけた。

ところが一八六一年二月、南部諸州はリンカンの就任前にアメリカ合衆国を離脱し、アメリカ連合国の結成を宣言。首都や大統領も決めました。これは連邦政府への反乱です。それでもリンカンは三月の就任演説で、「諸州の奴隷制度には干渉しない」と述べました。

リンカンにとって、奴隷制廃止はもっとも重要な課題ではありませんでした。奴隷州がこれ以上増えることには反対ですが、合衆国が二つの国に分裂することさえなければ、奴隷州があってもかまわないと考えていました。逃亡奴隷法についても公式に批判はしておらず、黒人を対等な人間として考えていなかったとも指摘されます。

南北戦争がはじまると、フレデリック・ダグラスはこの戦争を奴隷解放のためのたたかいにしたいと考え、リンカンに奴隷解放宣言の公布と、奴隷身分から解放された自由黒人の志願兵による、黒人連隊の結成を要求しました。しかし、リンカンはこのどちらも認めませんでした。

リンカンが奴隷制反対に方針を変えたのは、開戦から一年以上経ったあとのことで、北軍が苦戦し死傷者が増大したからでした。さらに北部の奴隷解放論者の、「いまこそ奴隷制の廃止を」という訴えで奴隷解放の世論が高まり、南部では奴隷の逃亡や抵抗が続発していました。さらに、北部のたたかいが奴隷制反対のための正義の戦争ということになれば、南部を支援しようとしていたイギリスやフランスは、支援しづらくなります。

リンカンが苦しい戦況をのりこえるには、奴隷解放という「正義」の主張

南軍旗（アメリカ連合国陸軍の軍旗）

一八六一年　リンカンの大統領就任式

を戦争の目的に加える以外、方法はありませんでした。

Q4 奴隷解放宣言は、全米に対して出されたのですか。

A 奴隷解放宣言は反乱諸州（アメリカ連合国、南部）に対して大統領が出した宣言で、全米に適用される法律ではありません。リンカンは一八六二年九月二二日に奴隷解放予備宣言を公布し、翌年一月一日までに連邦（アメリカ合衆国、北部）に復帰しなければ、反乱諸州の奴隷を永遠に解放すると宣言します。つまり「敵」の奴隷を解放する、というのです。当然、連邦に復帰する州はなく、一八六三年一月一日、奴隷解放宣言が発効しました。

これは、奴隷州でも北部側についた州の奴隷制はそのまま認め、反乱諸州の奴隷は解放するという、中途半端な内戦勝利のための軍事的な政策でした。しかし一貫しない政策でも、奴隷制反対勢力には大きな力となりました。

こうして北部の戦争の目的に、奴隷解放という「人道的な大義」が加わりました。白人将校を指揮官とする黒人連隊も結成され、約二〇万人の黒人が北軍に加わりました。★1 黒人の援助がなければ、北部は戦争に勝てなかったともいわれます。★2

綿花の輸入で南部と関係が深かったイギリスは、奴隷解放宣言によって南

★1　北軍内にも差別意識から、黒人に武器を携帯させることへの抵抗と恐怖があった。リンカンは黒人兵士の募兵に否定的だったが、宣言公布後は黒人兵士の募兵が本格化した。映画『グローリー』（一九八九年、エドワード・ズウィック監督）は初の黒人部隊を描いている。

★2　実際には軍隊内での任務や報酬などの点で黒人差別が深刻で、フレデリック・ダグラスはこの問題に取り組んだ。

部を支援できなくなりました。[★3]六五年四月九日、南軍のリー将軍が降伏し、戦争は事実上終結。しかしその直後の一四日、リンカンはワシントンで観劇中に狙撃されました。アメリカ史上最初の大統領暗殺でした。[★4]

南部の降伏により合衆国の分裂は避けられ、議会は憲法修正を認め、アメリカ全土で奴隷制は廃止されました。六八年には黒人に市民権が与えられ、人権と財産権が保障されています。[★5]

しかし、多くの黒人は解放されても文字も読めず、仕事も財産もありませんでした。奴隷ではなくなったものの、仕方なく地主の小作人となった黒人の生活は、奴隷時代とあまり変わりありませんでした。

Q5

南北戦争後、黒人の地位は向上したのですか。

A

一八七〇年に憲法修正第一五条が成立し、黒人男性に参政権が認められました。[★1]議会と政府を支配するために、北部を基盤とする共和党は、南部の黒人票が必要だったのです。

参政権を得た黒人は共和党を支持し、政治に参加します。連邦議会上院に二名、下院には一〇名以上の黒人議員が南部から選出され、黒人の州議会議員もつぎつぎと誕生、南部の各州でも共和党の政権が生まれました。南部は

★3　イギリスの好調な繊維産業の背景には、アメリカ南部の綿花栽培とそれを支える奴隷制度があった。

★4　リンカンを殺害した俳優ジョン・ウィルクス・ブースは、アメリカ連合国の支持者だった。

★5　南北戦争後、黒人たちの市民権を要求する動きが各地で起きていた。

★1　人種を問わず、女性には参政権は認められなかった。白人女性の参政権獲得は一九二〇年、人種に関係なくすべての女性の参政権が実現したのは一九六五年である。

初期のKKKのメンバーを描いた絵

黒人の人口が多かったからです。

こうした状況を南部の支配層や民主党は「黒人の支配」と批判し、憎悪と人種的恐怖を煽《あお》って白人大衆の支持を得ようとしました。白人による黒人への暴力事件が増加し、クー・クラックス・クラン（ＫＫＫ）★2のような非合法の暴力組織が生まれます。

そして一八七七年に北軍が南部の占領を終えると、北部と南部の指導層の和解がすすみ、旧アメリカ連合国や南軍の指導者たちが公の仕事に復帰しはじめました。北部の資本家も南部に積極的に投資し、南部白人のあいだには奴隷制の時代を「古き佳《よ》き時代」と懐かしむ風潮が生まれます。南軍の記念碑やリー将軍の像も各地に建てられ、南軍旗★3が掲揚されるようになりました。

一方、黒人たちは、獲得した参政権などの市民権を再び奪われてしまいます。一九〇〇年までに南部諸州は州憲法と諸条例に、黒人の参政権剥奪とさまざまな人種差別的制度を明記するようになりました★4。

南部の状況が大きく変化するのは、一九六〇年代前後の公民権運動によってです。そして二一世紀、「ブラック・ライヴズ・マター」の運動★5によって、南軍の記念碑や将軍の像が撤去されるようになりました。しかし、この運動に対する抵抗も根強くあります★6。

★2　一八六〇年代後半から七〇年代に黒人に対してリンチをおこなうなど積極的に活動し、一九二〇年代に復活し猛威をふるった。

★3　ミシシッピー州やジョージア州など旧南部の州旗には、近年まで南軍旗やそのイメージが描かれていた。

★4　一九世紀後半から一九六四年までの黒人差別的内容を持つ南部諸州の法や制度をまとめてジム・クロウ法と呼ぶ。「ジム・クロウ」とはミュージカルの黒人登場人物の蔑称。

★5　二〇二〇年、ミネソタ州で黒人男性のジョージ・フロイドが白人警官から暴行を受けて死亡した事件から世界的に広がった。

★6　二〇一七年、ヴァージニア州で南軍のリー将軍の銅像撤去をめぐる衝突の際、白人至上主義者によって女性一人が亡くなった。

さらに読んでみよう

ハワード・ジン『民衆のアメリカ史（上）』ＴＢＳブリタニカ、一九八二年

井出義光『リンカン――南北分裂の危機に生きて』清水書院、二〇一九年

4

看護師 ナイチンゲール（1820～1910）

――統計学を活用した社会改革者

ナイチンゲールといえば、心をつくし、やさしく献身的に奉仕する看護師をイメージします。しかし彼女はそれだけではなく、信念のためにはあらゆる手をつくす、意志と行動の人でした。たくさんの資料がありながら、ミステリアスな部分も多いナイチンゲールですが、近年の研究によっていろいろなことがわかってきました。

Q1

看護師になることに家族が猛反対したのはなぜですか。

A フローレンス・ナイチンゲールは一八二〇年、イギリスの上流階級の大地主の家に生まれた「レディ（貴婦人）」です。相続した財産の利子や地代だけで贅沢に暮らせる両親は、新婚旅行先のイタリアで二人の娘を授かりました。三年間もの新婚旅行は上流階級にはめずらしいことではなく、フローレンスという名前は、フィレンツェ（イタリア中部のルネサンスを代表する都市）で生まれたことから名づけられました。

彼女はキリスト教徒の務めとして貧しい人々を慰問していましたが、他のレディのように家庭と社交だけに生きるのではなく、価値のある仕事がしたい、きちんとした職業を持ちたいと考えるようになりました。そしてキリスト教の神が自分に求める道は、看護の仕事だと気づきました。

当時看護は、修道女か看護婦の仕事でした。しかし修道女は病人を信仰に導くのが務めで、看護婦といえば、専門知識はおろか、文字が読めなくてもできる雑用係にすぎませんでした。そのうえ大酒飲みも多く「だらしがない女」と軽蔑されていたのです。病院もいまとはまったくちがい、不潔で、どんな人でもぜったいに入院したくないと思うような、貧しい人がただ死を待つだけのところでした。そのため、ナイチンゲールが心配したとおり、家族は彼女が看護婦として働くことに猛反対し、家族の無理解と孤立に苦しむ日々がはじまりました。

それでも幸い彼女には、理解してくれる友人がいました。その友人の力を得て、ナイチンゲールはほぼ独学で病院の管理運営や保健衛生の勉強をつづけました。産業革命によって急激に都市化がすすんだイギリスでは、過密で上下水道も整わない貧民街（スラム）が生まれ、感染症や労働者の短命が深刻な社会問題となっていました。

ナイチンゲールは夜明け前に起き、友人が勧めた政府の白書や病院の報告

姉シパーフィーによるフローレンスのスケッチ
〈cc by Wellcome Images〉

書を夢中で読みました。数学が好きな彼女は、統計資料に問題解決の糸口を発見したのです。そして家族と過ごす朝食の時間からは、重い心で上流階級の女性の一日を送るのでした。

Q2 クリミア戦争とはどんな戦争だったのですか。

A クリミア戦争は、一八五三年に起きたオスマン帝国に対するロシアの戦争に、翌年イギリス、フランス、サルデーニャが参戦した戦争です。戦場はクリミア半島で、実質的にはロシア対英仏連合軍のたたかいでした。大陸を制覇したナポレオンの時代から約四〇年たち、戦争は凄惨《せいさん》なものに激変します。

鉄砲は後込め式になり、射程は長く、照準は精確になりました。砲弾は爆裂するようになり、破壊力を増しました。武器の生産能力も上がり、優秀な指揮官が養成され、訓練を受けた大規模な戦闘集団が生まれました。

産業革命により経済が発展した一九世紀ヴィクトリア朝のイギリスは、まるで二つの別の国であるかのように、格差が広がっていました。指揮をする将校は上流階級の出身で、労働者階級出身の兵士たちを、甘やかしてはいけない「くずども」と見下し、命を粗末に扱いました。傷病兵たちは手当ても

クリミア半島

されず、路上や廊下に放置されました。

クリミアでの激戦とイギリスの苦戦、負傷兵の惨状を、新聞『タイムズ』紙の特派員が怒りを込めて発信しました。電信技術の発達によって、戦地の状況は翌日すぐに新聞に載るようになっていたのです。政府は苦しい戦況を国民に隠せませんでした。

ナイチンゲールの旧友で戦時大臣のシドニー・ハーバートは彼女に、戦地の陸軍病院に派遣する看護団の引率者となるよう依頼しました。国内外で勉強をつづけていた彼女は快諾、三八名の看護婦を面接で選び、一一月、トルコのイスタンブルの対岸にあるスクタリ（現ユスキュダル）の野戦病院に到着しました。

軍は物資の補給ラインを確保できず、水やロウソクでさえ足りない状況でした。まずはネズミやノミ、シラミの駆除、放置されていた遺体や排泄物の処理、シーツや衣類の洗濯をして衛生に努めます。そして栄養のある食事や薬品、包帯の提供を軍に求めましたが、現地の軍には、本国政府が送り込んだ若い女性の要求を聞く気はありませんでした。

彼女は毎晩知人に手紙を書き送り、軍に圧力をかけました。さらに、自分の財産からシーツやタオル、石けん、毛布、洗面器、食器、新鮮な食材、栄養のあるおいしい食事、そして料理人まで、あらゆるものを魔法のように調達しました。一人ランプを手に、広大な病棟を夜更けまで巡回したナイチンゲールを、負傷兵たちは「ランプのレディ」★1と呼びました。

イギリスの新聞に掲載された「ランプのレディ」のイメージ画

★1　実際にナイチンゲールが使用したランプは右の挿絵とは違い、トルコ式の蛇腹の提灯《ちょうちん》型のランプ。

Q3 ナイチンゲールには統計学の知識があったというのはほんとうですか。

A ほんとうです。ナイチンゲールのうわさは戦場から新聞や手紙、帰還兵によってイギリスに伝えられ、国中が彼女を称えました。しかし、彼女はそれを嫌いました。帰国後は病床に倒れ[★1]、九〇歳で亡くなるまで写真も来客も好まなかったそうです。

しかし執筆活動は旺盛《おうせい》で、政府への報告書や著作、質問に答える手紙など、大量の文書を残しています[★2]。帰国後すぐ、クリミアの兵士の死因の大半は戦傷ではなく感染症だと、数字をグラフにビジュアル化して証明し、換気や排水、給水、過密の改善などの保健衛生と、感染症予防の必要を軍に訴えました。統計データのグラフ化は当時としては画期的で、圧倒的な説得力がありました。

彼女は若いときから、近代統計学の父ケトレー[★3]の著作で学びました。帰国後の一八五九年には王立統計協会の最初の女性会員に選ばれ、一八六〇年の国際統計会議では、ケトレーと共同で衛生統計の統一基準の採択を実現し、病院ごとにまちまちだった統計の取り方を統一しました。

さらに約四〇年にわたって看護学校の設立、陸軍や都市の衛生改革、アメリカ合衆国の南北戦争への助言、植民地インドの公衆衛生問題や看護法、病

★1 病気の理由はクリミアでの感染症、戦争による心的外傷後ストレス障害（PTSD）、リューマチなどの慢性病、母や姉との確執による心の病、鬱病《うつびょう》などが推測されている。

★2 大英博物館には特製の大判ファイル一六〇冊以上の文書が収蔵されている。その一方、不都合な文書は自ら破棄したとも近年の研究で推測されている。

★3 一七九六〜一八七四年。ベルギーの学者。肥満の基準を示すBMIは彼の発案のひとつ。

院の建設・管理の研究、救貧院の改革と、多くの分野で功績を残しました。衛生と栄養で病気を防ぎ、早く回復させるという予防医療は、当時は新しい考え方でした。

軍や政府に提案を受け入れさせるのは大変でした。しかし彼女は強い意志と策略、忍耐、ヴィクトリア女王を含む人脈による政治力、一目でわかるようにグラフ化した統計データ、手紙による情報ネットワークを使い、奮闘しました。戦場でも軍の衛生委員会でも、彼女はまるで司令官のようだったといいます。女性が自立した個人として認められず、選挙権もない時代でしたが、大臣や貴族、将校と同じ裕福な上流階級の人間であることには、大きな力がありました。

Q4 戦前の日本で、もっとも有名な白人女性だったというのはほんとうですか。

A ナイチンゲールが日本で初めて紹介されたのは、一八八六年です。★1 日本はこの年ジュネーヴ条約★2に加盟し、看護婦養成に乗り出しました。政府は幕末に欧米諸国とのあいだで結ばれた不平等条約改正のために欧化政策をすすめており、敵味方の区別なく負傷者を救護する条約は、文明国の条件として必要でした。

★1 『女学雑誌』所収の「京都看病婦学校設立趣意書」。

一八九四年日清戦争の開戦直後、小説家の徳冨蘆花《とくとみろか》は『家庭雑誌』に「史談　修羅場裡《しゅらじょうり》の天使（ナイチンゲール女史の事績）」を連載し、クリミア戦争での活躍を詳細かつドラマチックに伝えました。さらに「修身」の国定教科書が第一期（一九〇四年）から第四期（一九三三年）まで、「博愛」の徳目でナイチンゲールを継続してとりあげました。このため彼女は戦前の日本人が知る、もっとも有名な白人女性となりました。

しかしそこで強調されたのは、親切で、貧しい人にも動物にも情け深かった少女期と、クリミア戦争での献身的な救護でした。ここで学ぶ「博愛」とは、教育勅語に示された儒教の徳目で、フランス革命のスローガンとして有名な「博愛（友愛）」ではありません。

現在の小学校[★3]三年の道徳教科書では、「親切、思いやり」の内容項目で、貧しい人を慰問する少女期のナイチンゲールをとりあげ、のちに戦場で兵士を看護したことも紹介しており、「修身」と近い内容です。一方、小学校[★4]五年の教科書は「真理の探究」の項目でナイチンゲールを紹介しています。そこでは、観察によって傷病兵の死因は感染症だと気づき、調査記録を政府に報告、衛生状態を改善して兵士の死者を激減させ、帰国後も医療現場の改革に取りくみ、亡くなるまで真理を追求した人として紹介され、近年の研究成果を取り入れたものとなっています。

★2　一八六四年にジュネーヴで結ばれた赤十字条約。各国の赤十字社による国際組織が発足した。その後一九二九年に捕虜の扱いを定めたジュネーヴ条約（日本は批准せず）が加わる。第二次世界大戦後、一九四九年の全面改正で二九年の条約を含む四条約の四部構成となり、一九七七年には二つの追加議定書が加わった。日本は一九五三年に四九年の四条約に加盟したが、追加議定書には未加盟。ジュネーヴ条約という場合、捕虜の待遇について定めた第三条約をさすことが多い。

★3　学研二〇二四年版、小学三年。

★4　光村図書二〇二四年版、小学五年。

晩年のナイチンゲール〈cc by Wellcome Images〉

Q5 赤十字はナイチンゲールがつくったのですか。

A

ちがいます。赤十字[★1]の創設者は、スイスのアンリ・デュナンです。ナイチンゲールは政府の要請でイギリス軍将兵を愛国的に看護したのであって、中立の立場でも、民間の救護活動でもありません。しかしデュナンは、民間人の彼女の活動に刺激され、国際赤十字はナイチンゲールの献身を手本としています。軍隊での看護は当初男性の仕事でしたが、専門の看護師が必要なことは明らかでした。

日本赤十字社（日赤）は一八七七年の西南戦争で政府軍、反乱軍双方の看護にあたった博愛社[★2]を母体として、ジュネーヴ条約に加盟した翌年の一八八七年に日本赤十字社と改称しました。民間団体でありながら、創設当初から病院の建設用地、多額の寄付[★3]、慰問[★4]など皇室の保護を受け、現在まで皇后が名誉総裁を務めています。

第四期の修身の教科書を見ると、ナイチンゲールの「博愛」につづき、「皇太后陛下」の項目で、貞明《ていめい》皇后[★5]の赤十字の活動がくわしく記されています。このように戦前の日本では、「ナイチンゲール、赤十字、皇室」は切り離せないセットでした。「赤十字はナイチンゲールがつくった」という誤解は、このことと関係があるのではないでしょうか。

★1　イタリア統一戦争のソルフェリーノの戦い（一八五八年）でデュナンが、負傷兵が重症のまま多数放置される惨状を知り、民間でおこなった救護活動にはじまる。中立の立場を維持し、敵味方の区別なく救護をおこなう。

★2　設立時の「敵味方の区別なく」救護する理由は、どちらも「皇家ノ赤子《せきし》」、天皇の臣民であるからというものだった。

★3　皇后は毎年三〇〇円を寄付し、戦時には包帯や病衣などを負傷者に贈り、一九一二年には国際赤十字社に一〇万円（現在の三億五〇〇〇万円相当、基金となり現在も活用されている）を寄付している。

★4　歴代の皇后は会津磐梯山《ばんだいさん》の噴火や関東大震災時の災害救助、慰問にも関わった。

★5　大正天皇の妃。

日本の赤十字運動は、特別な「皇室の恩眷《おんけん》（恵み、いつくしみ）」を受けたものとされ、天皇のために戦場で身をささげる日赤の看護婦は、お国のために尽くしたいと願う軍国少女の憧れとなりました。

日赤は一九〇一年から陸海軍の指揮下に入り、従軍看護婦には兵士と同じく上官に対する絶対服従が求められました。そして「ナイチンゲールのように困難に堪え、傷病者を救護して皇室の御恩眷にこたえなければならない」と、「報国恤兵《じゅっぺい》」★6を教え込まれました。★7

昭憲皇太后（明治天皇の妃）。日本赤十字社の社章は昭憲皇太后が額《ひたい》の上に飾る釵子（かんざし）のデザイン（鳳凰、桐、竹）に由来する。（上田景二編著『昭憲皇太后史』より）

★6　「国に報いて戦地の兵士を助ける」という意味。

★7　「生きて虜囚の辱めを受けず」という命令により投降を許されず、捕虜にならないように傷病兵を殺害すること、さらには自身の自決（自死）まで求められた。

さらに読んでみよう

長島伸一『ナイチンゲール』岩波書店、一九九三年

小菅信子『日本赤十字と皇室――博愛か報国か』吉川弘文館、二〇二一年

5

西郷隆盛《さいごうたかもり》（1828～1877）

維新の志士——武人としての生涯

明治維新を経て、薩摩《さつま》藩士から新政府の一員となった西郷隆盛は、「西郷さん」と親しみをこめて呼ばれ、人気があります。それは彼が誠実で偉ぶらず、素朴で親しみがあると感じるからでしょうか。また彼が残したことばや挫折の体験、悲劇的な最期も大きな影響を与えているようです。しかし、道徳の教科書ではそれらはくわしく取りあげられていません。

Q1 西郷隆盛の評価は時代とともに変化しているのですか。

A 西郷の人柄を伝える逸話は多く、修身の教科書（第四期・巻五・一九三四年）では、「度量」という徳目でとりあげられていました。★1

「度量」とは広い心を持っていることで、幕末に旧幕府側で新政府軍と交渉した勝海舟は、西郷を「大度量の人」と評しました。★2 一方、西郷をよく知

★1　内容は、西郷と福井藩の橋本佐内の出会いである。当初、西郷は年若い橋本をみくびっていたが、話を聞くうちに彼を高く評価し、自分の誤りに気づいて反省し、わびをいれた。

★2　この評価は、勝が江戸無血開城という自分の業績を誇示するためのものとも言われる。

る歴史家の重野安繹《やすつぐ》は、★3 西郷を「狭量」の人といいます。重野は西郷が奄美《あまみ》大島に流刑★4になっていたときに、同地に流刑になっていました。

江戸時代、奄美は沖縄と同じく、薩摩藩の支配下におかれていました。薩摩にとって大切な収入源である島特産の黒糖の生産は管理され、収穫減や密売にはきびしい罰が科され、島民は極貧の暮らしを送っていました。鹿児島に帰った西郷は、島民への圧政ときびしい収奪を告発し、藩に改善を求めます。しかし明治になっても、奄美への搾取は変わりませんでした。西郷は、負担を軽くしてもらいたいという島民の期待に応えなかったばかりか、収奪する新政府の側の一員となったのです。こうしたことから、奄美ではいまも西郷を「偉人」としない評価があります。

のちに西郷は西南戦争を起こし、天皇に対して反乱を起こした「朝敵」「逆賊」とされます。しかし大日本帝国憲法の発布時に政府がおこなった大《たい》赦《しゃ》によりゆるされ、死後この汚名は取りのぞかれました。そして「朝鮮、大陸への雄飛をめざした先駆者、愛国者」という面が強調され、国民に浸透していきました。★5

奄美大島

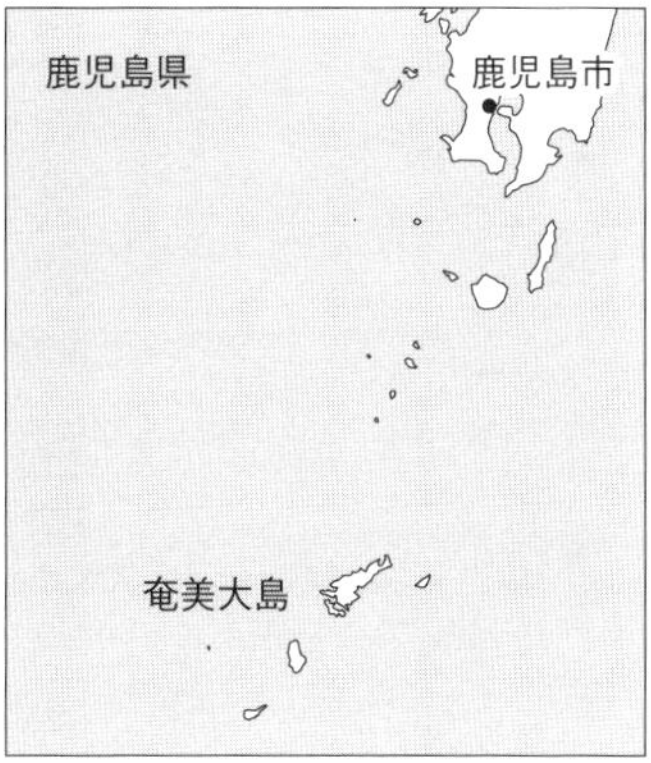

★3　一八二七〜一九一〇年。明治期の歴史学者。東大教授、『大日本編年史』の編集など、近代史学の発展につくした。

★4　一回目は姿を隠すための流刑で、罪人扱いではない。二回目は藩の実力者、島津久光との対立による流刑である。

★5　写真がないとされる西郷のイメージには、お雇い外国人画家キヨソーネによる版画と、上野公園の西郷の銅像が大きな影響を与えている。そこには反政府的でない西郷像をつくりだそうとする政府のイメージ戦略が指摘される。

Q2 西郷は「偽《にせ》官軍」とされた赤報隊《せきほうたい》とどんな関係があるのですか。

A 一八六七年、幕府は武力で新政府に倒されることを避け、将軍徳川慶《よし》喜《のぶ》が京都で大政奉還をおこなって政権を朝廷に返還します。しかし、これは実質的には政権を手放さないための方策でした。薩摩、長州の両藩は、天皇から討幕の密勅《みっちょく》を受け幕府を倒そうとしたそのときに、相手に先を越されてしまったのです。

新政権を立て完全に権力を掌握するには、相手を軍事的に制圧し、その権力をつぶす戦争が必要です。西郷はその戦争を新政府側からではなく、旧幕府側が起こすようにしかけました。

たとえば薩摩藩士の益満休之助《ますみつきゅうのすけ》や相楽総三《さがらそうぞう》らが、江戸でつぎつぎに殺人、放火、掠奪《りゃくだつ》をおこない、社会不安を煽りました。そのため庄内藩など江戸警備の任にあった幕府方は怒り、犯人らが逃げ込んだ薩摩藩の江戸藩邸を焼き討ちする事件が起こりました。★1

そして一八六八年一月、旧幕府軍と薩摩・長州軍とのあいだで鳥羽・伏見の戦いが起こり、戊辰戦争がはじまります。新政府軍（官軍）は三つのルートで進軍し、西郷は新政府軍の参謀として、江戸に向かいました。

新政府の課題は、いかにして民衆の支持を取りつけるかということでした。

相楽らを祀る魁塚（長野・下諏訪）〈cc by Qurren〉

★1　西郷は幕府方による藩邸焼き討ちの報を知って喜んだと伝えられる。幕府方では「薩摩討つべし」の声が大きくなり、西郷らの江戸騒乱の責任は問われず、鳥羽・伏見の戦いを誘発することになった。

武力で敵を制圧しても、民衆の支持がなければ政権は維持できません。
今日《こんにち》の長野に向かう中山道を進む東山道軍の先鋒に、行く先々で「年貢半減」を宣伝する赤報隊がありました。赤報隊は江戸を脱出した相楽総三らが、西郷らに支援されて結成したものです。★2 彼らは、「新政府はこれまでの年貢を半分に減らす」とふれまわり、農民が新政府軍を歓迎し支持するように活動しました。世直し一揆が多発した幕末、年貢半減はまさに民衆がのぞんだ願いでした。

しかし、新政府の勝利が明らかになったとき、「年貢半減」の約束は赤報隊が勝手に言ったことで、新政府の公約ではない、相楽らは「偽官軍」だとして処刑されたのです。西郷はなぜ、赤報隊を助けなかったのでしょうか。

Q3 戊辰戦争で西郷はどんな活躍をしたのですか。

A 戊辰戦争は、一八六八年から翌年にかけての、薩摩藩、長州藩、土佐藩などからなる新政府軍と、旧幕府軍とのたたかいです。新政府軍は京都から江戸に迫り、新政府側の西郷は江戸総攻撃の命をうけていました。

しかし、総攻撃をすれば旧幕府軍ははげしく抵抗し、もし新政府軍が江戸の市街を焼き払えば、多大な犠牲者と損失が出ます。また、新政府に対する

★2 隊員は関東や東北の脱藩士や商人、農民など約三〇〇人といわれる。

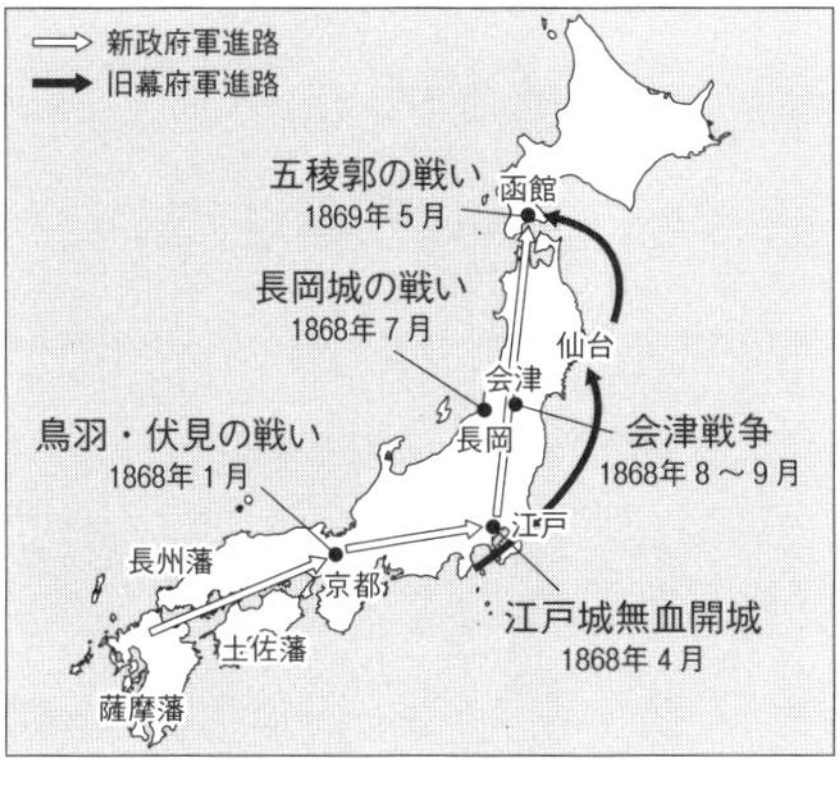

戊辰戦争の展開

民衆の反感が増すことも予想されました。さらに内乱が長引けば、外国が介入するきっかけにもなります。「世直し」を求める民衆の動きが各地で高まり、社会は不安定な状況でした。薩摩藩をたすけていたイギリスも、貿易に影響が出ることを恐れ、江戸総攻撃に反対でした。

江戸総攻撃を前に、西郷は旧幕府側の勝海舟と一対一で会談し、旧幕府軍の無条件降伏と江戸城明け渡しが合意されます。江戸の街を戦乱に巻き込まず、旧幕府軍が降伏を認めたこの交渉は、「江戸無血開城」と呼ばれます。

江戸を制圧した西郷は、新政府軍への抵抗をつづける東北や北陸諸藩が結成した奥羽越《おううえつ》列藩同盟との戦いに臨みました。このなかで庄内藩は、東北諸藩で唯一、新政府軍の領内への侵攻を防いで守りましたが、ついに降伏します。

庄内藩は幕末に江戸の治安を維持する市中取締役となり、倒幕派の薩摩藩ときびしく対立しました。[★1] 敗北によってどのような報復をされるかわかりません。しかし西郷は寛大にはからい、自宅謹慎とされた藩士たちに帯刀や外出を認めました。こうしたことは庄内藩の人々の感謝と尊敬を生んだとされ、西郷人気、西郷伝説が生まれるもとのひとつとなりました。[★2]

しかし実際には、東北方面の戊辰戦争で西郷の出番はほとんどなく、庄内に着いたときにはすでに戦いは終結し、彼が庄内に滞在したのはわずか数日でした。

結城素明『江戸開城談判』（聖徳記念絵画館所蔵）

★1　Q2参照。
★2　旧庄内藩士には、のちに西郷の遺訓集である『南洲翁遺訓《なんしゅうおういくん》』を発刊した人や西南戦争の西郷軍に加わった人もおり、「西郷美談」を支える逸話となっている。

Q4 征韓論とは何ですか。

A 朝鮮を攻め、支配しようとする明治期の考えです。江戸時代、朝鮮王国と日本の徳川幕府は善隣友好の関係[★1]をむすんでいました。しかし王政復古をして、天皇が将軍の上位にあると考えるようになった日本では、朝鮮を属国として下に見る古代からの考えが強まりました。

一八六八年、明治新政府は朝鮮に、日本の統治者が将軍から天皇に代わったことを通告します。しかし朝鮮王国は、そこで使用されたことばをとがめ、うけとりを拒否しました[★2]。

これをうけて日本では、日本に従わない朝鮮は懲《こ》らしめるべきだという征[★3]韓論がもりあがります。背景には、新政権成立後の士族（旧武士）の不満を国外に向け、朝鮮支配を実現しようというねらいがありました。

政府の閣議では、板垣退助が「朝鮮即時出兵」を主張。しかし西郷は、まずは自分を朝鮮との交渉にあたる使節として派遣してほしいと提案し、西郷の派遣が決まりました[★4]。西郷には朝鮮側が交渉を拒否することを見越し、その上で開戦する読みがあったようです。ところが、欧米視察から帰ってきた岩倉具視《いわくらともみ》や大久保利通らは西郷の派遣に反対し、強引に閣議決定を覆《くつがえ》しました。西郷らはこれに抗議し、一八七三年政府を去ります[★5]。

★1　江戸時代には朝鮮通信使が一二回にわたり日本を訪れて文化交流をし、各地で歓迎された。

★2　その外交文書には「皇」や「勅」という文字があり、朝鮮側は、そうしたことばを使うのは宗属関係で上位にある宗主国の清国の皇帝だけだという認識だった。

★3　幕末ころから国学の一部の人や吉田松陰などが、『古事記』や『日本書紀』の古代において朝鮮半島で日本が支配権を持っていたとする記述を根拠に、朝鮮進出をとなえていた。

★4　西郷は日朝関係を平和的に解決しようとしていたとの説があるが、西郷は日朝を対等な関係とはとらえていなかった。また近年、使節の交渉が決裂した場合の軍事行動の計画の存在が明らかにされている。

★5　閣議では西郷遣使が多数を占め、西郷と大久保の対立は深刻なものとなった。大久保は巻き返しの陰謀をめぐらし、最終的には岩倉が、閣議決定とは逆の遣使反対の上奏を天皇に個人的におこない、裁可を得た。西郷らはこうしたやり方に抗議して下野し、大久保が主導権を握る政権が誕生した。

しかし一八七五年、内務卿として実権を握った大久保は[★6]江華島《こうかとう》事件を起こし、朝鮮侵略をはじめます。西郷とのちがいは、出兵の時期の問題にすぎませんでした。[★7]

Q5 西南戦争はなぜ起こされたのですか。

A 征韓論争に敗れ鹿児島に帰った西郷は、私学校[★1]を設立して教育に取りくみ、めだった行動はしませんでした。しかし一八七六年ごろになると、県の役人や警察官に私学校の出身者がふえ、鹿児島はまるで西郷の下にある「独立国」のようになりました。これは新政府にとっては許せないことです。

一八七七年に西南戦争が起きる前年、日本各地で不平士族の反乱が起こりました。[★2]西郷は協力こそしませんでしたが、ある種の期待をしていたようです。

当時鹿児島には、政府の大量の武器と弾薬が備蓄されていました。これが私学校側に渡ることを心配した政府は搬出にとりかかり、これを知った私学校生が武器・弾薬を奪取します。西郷は生徒を叱責《しっせき》したといわれますが、結局、私学校幹部会が下した挙兵決定に従うことになりました。彼は武力蜂起

★6　日本の軍艦が江華島付近で戦闘を開始して江華島を占領、翌年不平等条約を締結させた。

★7　のちに西郷は「大陸への膨張政策」の先駆け的人物として神格化された。

★1　政府に不満を持つ不平士族の暴発をふせぐ目的で設立され、入学できるのは士族に限られていた。

★2　一八七四年に江藤新平が佐賀の乱を起こし、一八七六年には熊本県で神風連の乱、福岡県で秋月の乱、さらに山口県で前原一誠らによる萩の乱が起こっている。

横浜港から出発する政府軍兵士

を「追認した」のです★3。

しかし、挙兵の理由は武器・弾薬の搬出ではなく、「西郷暗殺計画★4」についての政府への「尋問」とされました。西南戦争は西郷と政府の政治的な対立による戦争ではないのです。そのため、政府に不満を持つ不平士族とのつながりもなく、目的のよくわからない挙兵は、幅広い支持を得られませんでした。

戦いは激戦となり、西郷軍と政府軍が戦闘を繰りひろげた九州各地で、敵が隠れる場所をなくすために、双方の軍が町や村を焼き払いました。農民は農作業ができなくなっただけでなく、人夫や兵士に強制的に動員されます。動員を拒否した民衆や捕虜への虐待が頻発し、また略奪同然に食料や物資を供出させられました。西郷軍と政府軍双方合わせ死傷者は三万人以上。大きな影響力を持つ西郷は、挙兵や戦闘を中止できた唯一の人物だったでしょう。しかし彼はそうしませんでした。

★3　従来、西南戦争で西郷は私学校生に担がれて立ち上がったとみられてきたが、今日では西南戦争の直前には、彼自身かなり決起する心境になっていたという指摘がある。

★4　このころ、政府は西郷の動きを警戒して密偵を潜入させており、とらえられた密偵が西郷暗殺計画を自白したとされる。真偽のほどは不明。

さらに読んでみよう

山元研二『「西郷隆盛」を子どもにどう教えるか』高文研、二〇一九年
家近良樹『西郷隆盛——人を相手にせず、天を相手にせよ』ミネルヴァ書房、二〇一七年
徳永和喜『西郷隆盛——明治維新の先覚者』山川出版社、二〇二二年

6

実業家

渋沢栄一《しぶさわえいいち》（1840〜1931）

――帝国主義を支えた経済人

二〇二四年度から一万円紙幣に登場する渋沢栄一は、農民の出身で武士となり、維新後は明治政府の役人から実業家となった人物です。多くの会社の設立と運営にかかわり、「日本資本主義の父」といわれるような、明治を代表する経済人となりました。また、福祉事業や私学教育を支援し、民間外交に尽力したことでも知られます。

Q1 渋沢栄一は教科書でどのようにとりあげられているのですか。

A 渋沢栄一の伝記は今日《こんにち》いくつも書かれていますが、戦前の修身の教科書（第四期・巻六・一九三四年）にもとりあげられています。テーマは「自立自営」で、渋沢が深谷（埼玉県）の農家の家に生まれ、少年時代から学問が好きだったこと、また家業である藍玉《あいだま》★1の商売を手伝ったことや、二〇

★1　藍の葉からつくる固形の染料の一種。

代で幕末の政治に奔走するようになり、その後パリ万国博覧会へおもむく幕府の一行に加わって、ヨーロッパ諸国の実情に触れたことが書かれています。

帰国した渋沢は、その後明治・大正・昭和と約六〇年にわたって日本の発展につくし、その仕事は銀行をはじめ多岐にわたるとされ、「我が実業界の今日の隆盛は、其《そ》の功によるものがどれ程多かったかわかりません。其《そ》の上朝鮮の開発や国交の親善につくすところが多く、又教育および社会事業にたずさわって生涯力をつくし」、子爵★2の爵位を授かるという立身出世の物語です。

渋沢は現在の小学校道徳の教科書にも登場します★3。テーマは「志高く、今を熱く生きる」です。内容は戦前の国定教科書と重なり、「お金をもうけることと、人のために役立つことが、一緒にならねばならない」「もうけたお金の一部は、社会のために使うことが義務だ」という渋沢の考えも紹介し、「道徳経済合一説★4」をかかげ、「学校や福祉施設の設立など、六百以上の社会事業に関わった」と書かれています。

一九世紀後半以降、産業の発展の陰で格差が広がり、貧しい人々は生活の不安におびえ、怒りました。二〇世紀には社会福祉政策がすすめられるようになりますが、それ以前はこうした不安と反発に対処するため、欧米の経営者のあいだでは社会慈善事業が流行しました。現在は日本でも、企業や経営者の社会的責任や貢献が求められます。

パリを訪れた渋沢栄一

★2 明治以後、旧公家、大名にくわえ国家に勲功のあったとされる政治家や軍人、実業家などが特権的な華族とされ、公爵・侯爵・伯爵・子爵・男爵という爵位を与えられた。

★3 教育出版二〇二四年版、小学五年。

★4 経済の目的が利潤の追求でも、そこには道徳が必要であり、国や人類全体の繁栄に対して責任を持たなければならないとする渋沢の考え。

Q2 渋沢が生きた時代はどのような時代だったのですか。

A 渋沢栄一は一八四〇年に生まれ、一九三一年まで幕末、明治、大正、昭和の九一年間を生きました。それは日本で資本主義が発展し、国内では格差が広がり、対外的には他国を犠牲に利益や領土を拡大する帝国主義へと向かう時代でした。

渋沢は多くの会社の創設に関わりました。なかでも大阪紡績会社は、紡績業界の牽引車《けんいんしゃ》のような役割を果たしています。その成功は、安い中国綿花を原料に、低賃金の都市労働者を昼夜二交代制で使い、得たものでした。政府からの手厚い保護も受け、綿糸の輸出は増大し、アジア市場でインド綿糸を圧倒していきました。

製糸業もまた、政府の輸出振興策のもと、中国をおさえて日本が世界一の生糸《きいと》輸出国になるまで発展しました。生糸は軍艦などの輸入に必要な外貨を獲得するための貴重な輸出品でした。渋沢は官営富岡製糸工場建設の主任となり、★1その後全国各地に製糸工場がつくられました。それを支えたのは農家出身の出稼ぎ女工の低賃金と、若い命をすり減らす劣悪な労働条件、さらに養蚕農家からの安い原料繭《まゆ》の買い入れでした。

銅の輸出もさかんとなり、★2古河市兵衛《ふるかわいちべえ》が経営する足尾銅山が大発展しま

鉱毒事件をおこした足尾銅山

★1　渋沢が大蔵省在任中に伊藤博文に協力して推進した。

★2　一八三二〜一九〇三年。京都の生まれで幼少時から商業に関わり、足尾などの多くの鉱山を経営し、古河財閥を創始した。

す。しかし、日本最初の公害とされる深刻な鉱毒問題が起きました。廃水による汚染で田畑を枯らされた農民たちが、田中正造[★3]を先頭に抗議しましたが、政府に鉱業停止の意志はなく、鉱毒問題は治水問題にすりかえられ、抗議運動の中心だった谷中《やなか》村は強制廃村となりました。この足尾銅山に資金援助をしたのが、華族の相馬家と第一銀行の渋沢でした。[★4]

資本主義が発展し帝国主義をもたらした時代、それを推進して立身出世した人物を無批判に賛美することは、現在の世界や日本で起きているさまざまな社会問題を追認してしまう可能性があります。

Q3 渋沢は朝鮮の鉄道建設に取りくんだのですか。

A 帝国主義の時代、植民地支配のために鉄道建設は不可欠でした。[★1]日本では日清戦争前後から、朝鮮の鉄道建設に関心が高まりましたが、日露開戦までに建設されていたのは、ソウルと仁川《インチョン》をむすぶ四二キロ余りの京《けい》仁《じん》鉄道だけでした。

この鉄道は、アメリカ人が敷設権をえて着工しようとしていたものを、渋沢が組織した京仁鉄道引受《ひきうけ》組合（のちに京仁鉄道合資会社）が買収して完成させたものです。資金は日本政府からの貸し付けでした。

★3　一八四一～一九一三年。現栃木県佐野市出身。村名主から衆議院議員となり、日本最初の公害事件といわれる足尾鉱毒事件の解決に向けて生涯をささげた。

★4　古河市兵衛は資金の不足を補うために渋沢に協力を求め、渋沢は出資者として大きな収益を得ている。

★1　人や軍隊の移動、原料や製品の貨物輸送に欠かせなかった。

京城（現ソウル）―釜山《プサン》間の京釜《けいふ》鉄道については、日清戦争後の一八九六年に、渋沢らを代表とする京釜鉄道発起人会が設立され、建設計画がすすめられました。しかし前年に日本人による閔妃《ミンピ》★2殺害事件がおこり、対日感情の悪化を背景に交渉は行きづまります。★3韓国政府と京釜鉄道発起人会とのあいだで建設契約が成立したのは、一八九八年のことでした。

日本企業による外国での大規模な鉄道建設は、これが初めてでした。法律がつくられ、会社の株式や社債への政府からの補助が認められ、渋沢を社長とする京釜鉄道会社が誕生します。

工事は一九〇一年からはじまりましたが、日露開戦までに開通したのは一部だけで、戦時の物資輸送をめざす政府は「京釜鉄道速成緊急勅令」を公布して、工事を急がせました。京城―釜山間の開通は一九〇五年、のちには釜山から中国との国境の新義州までが鉄路でつながり、大量輸送が可能となってのちの満州経営にも大きく貢献したとされます。

朝鮮の人々にとって、鉄道建設は先祖伝来の土地を失うことでした。また労働力や用材の徴発などは大きな負担となり、各地で駅が焼き打ちされました。

★2　一八九五年一〇月、朝鮮で実権を握っていた親露派の王妃閔妃を、日本公使が首謀者となり日本人の軍人、警官などを王宮に乱入させて殺害した事件。

★3　一八九七年、王国だった朝鮮は、国号を「大韓帝国」と改めた。略して「韓国」と呼ぶが、現在の韓国（大韓民国）ではない。

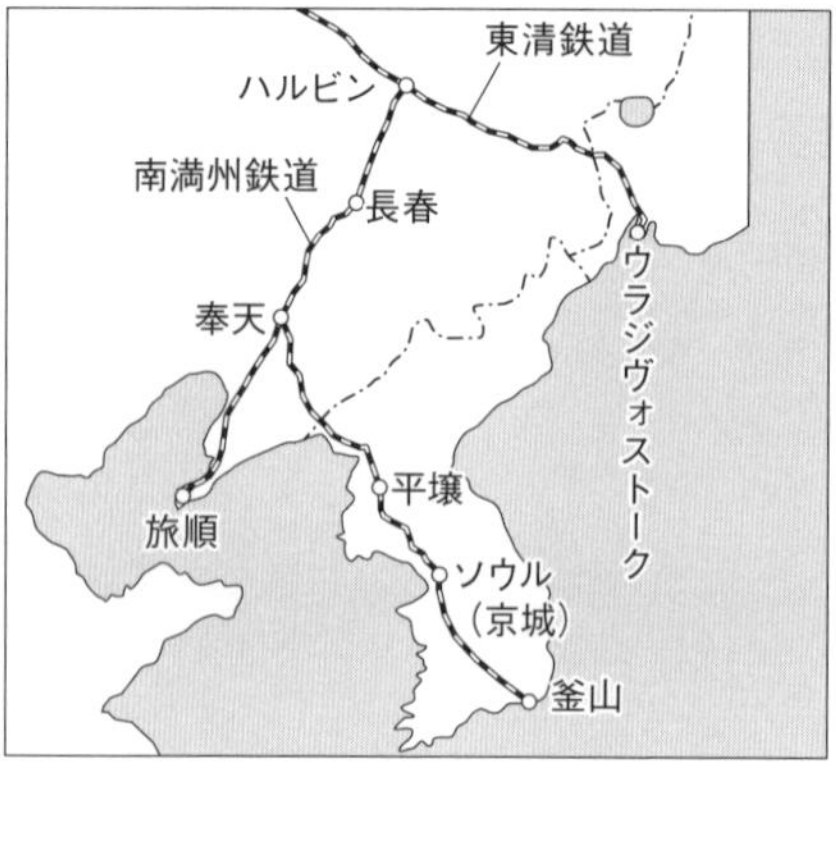

二〇世紀初頭の朝鮮と満州の鉄道

Q4 なぜ韓国最初の「紙幣」に渋沢の肖像が使われていたのですか。

A

併合前の韓国で「紙幣」として流通していた第一銀行の銀行券には、渋沢の肖像が描かれていました。第一銀行とは第一国立銀行★1が改称したもので、渋沢が創設した日本最初の私立銀行です。渋沢は開業五年後の一八七八年、政府の主導もあって朝鮮に進出し、釜山に支店を開きました。

第一銀行は関税の取り扱い業務などを代行し、発行した手形が朝鮮でも流通するようになります。一九〇二年に発行した「無記名式一覧払い約束手形」は実質的に紙幣として流通し、韓国政府は正式な紙幣として承認せざるをえなくなりました。

こうして、第一銀行は韓国における銀行券を独占発行することになり、第一銀行の韓国支店が事実上、韓国の中央銀行となりました。併合前年の一九〇九年、第一銀行は業務を韓国銀行（のちの朝鮮銀行）に譲りましたが、第一銀行が朝鮮で得た利益は莫大なものでした。★2

日本人の渋沢が描かれた第一銀行券が近代の韓国で最初の「紙幣」になったのはこのような経緯からですが、韓国人にとっての渋沢は、日本による経済侵略のシンボルとも見られます。★3

渋沢は晩年、朝鮮進出の動機を「日本が朝鮮を失えば、国力を維持するこ

渋沢が描かれた韓国紙幣（日本銀行貨幣博物館所蔵）

★1　一八七三年設立。「国立銀行」とあるが民間経営の株式会社だった。その後改組を経て現在のみずほ銀行となる。

★2　韓国支店は第一銀行の全収益の四割を占めたといわれる。

★3　渋沢の韓国における経済活動は、つづく植民地化の地ならしとなったと評価される。

とが難しいと判断した」と述べています（見城悌治『渋沢栄一』）。これは、日本の独立を守るためには朝鮮を影響下に置かなければならないとする、山《やま》県有朋《がたありとも》★4の「利益線」★5の思想につながります。

渋沢は日露開戦前には戦争支持の立場で、韓国併合も評価しています。渋沢が個人的に朝鮮の人々に敬意を持って対応★6したことと、彼の朝鮮観や行動は分けて考える必要があります。

Q5

「青い目の人形」と渋沢は関係があるのですか。

A

日本とアメリカの関係は徐々に悪化し、一九〇〇年代の初めから、アメリカでは日系移民の排斥運動がおこなわれるようになりました★1。渋沢は日米関係をやわらげようとする民間の委員会に関与します。しかしその活動は実らず、一九二四年に日本人移民を完全に禁止する、いわゆる「排日移民法」がアメリカで成立しました。

その後一九二七年、日米関係の悪化を懸念するアメリカ人牧師シドニー・ギューリック★2が、日本の雛人形《ひなにんぎょう》に注目して、日米の子どもたちで人形を交換しようと提案します。日本政府の対応が得られないなか、ギューリックは当時八七歳の渋沢に相談しました。

★4　一八三八～一九二二年。山口県出身、吉田松陰の門下で奇兵隊の指揮官として活躍した。明治になり徴兵制など陸軍の建設につとめ、軍の最高指導者となり内閣も組織する。官僚政治のもと政党をおさえ、絶大な権力をふるった。

★5　国境から離れた地でも、国家の利益と関係する境界線を山県は利益線と呼び、日本の利益線を朝鮮半島と位置づけた。渋沢の主張も朝鮮の主権を無視したものである。

★6　鉄道工事に使役される朝鮮人労働者に対する暴力を厳禁するなどした。しかし保護者的な上からの目線は否定できない。

★1　明治になってハワイへの日本人移民が増加、さらに二〇世紀に入るとアメリカ西海岸にも急増した。このため、人種的偏見や仕事を奪われるという理由で日本人移民を排斥する動きが強まった。

★2　一八六〇～一九四五年。アメリカ人牧師・宣教師。日本で長く伝道や教育に関わり、アメリカで日本人移民排斥の問題に取りくんだ。

渋沢はただちに日本児童親善会という組織を立ち上げ、会長に就任します。これによって、アメリカから約一万二〇〇〇体もの「青い目の人形」とよばれた西洋人形が日本に贈られ、全国各地の学校に配られて、子どもたちに大歓迎されました。日本からは外務省などの協力を得て、五八体の市松人形★3がアメリカに贈られています。

渋沢は国際社会の一員としての日本という認識を、常に持っていました。日本と諸外国の国際関係が良くなれば国が豊かになる、国が豊かになれば社会・経済が豊かになる、ということでしょう。社会事業も日本の経済・社会を成長させる手段で、平和や協調を支持するのも国のことを考えてのことでした。その国際関係のなかで、渋沢がもっとも重視していたのが日米関係でした。

渋沢は一九三一年、満州事変の二か月後に九一歳で亡くなります。日本資本主義の発展は帝国主義の道をたどり、ついに中国への侵略戦争を開始しました。このあと一九四一年にアジア太平洋戦争に突入した日本では、各地の学校で大事にされてきた「青い目の人形」が、敵国のものだとして破壊されました。今日では「青い目の人形」を破壊から守った人々が、道徳や歴史の教科書でとりあげられています。

★3　江戸時代から伝わる伝統的な人形。

人形を抱く渋沢栄一

さらに読んでみよう

島田昌和『渋沢栄一――社会企業家の先駆者』岩波書店、二〇一一年

武田晴人『渋沢栄一――よく集め、よく施された』ミネルヴァ書房、二〇二一年

見城悌治『渋沢栄一――道徳と経済のあいだ』日本経済評論社、二〇〇八年

7

柔道家

嘉《か》納《のう》治《じ》五《ご》郎《ろう》（1860～1938）

――日本とオリンピックをむすびつけた教育者

嘉納治五郎は講道館柔道の創始者として有名です。しかし、彼は教育者として人間形成の面から、柔道だけでなくさまざまなスポーツを教育に取りいれていきました。そして国際オリンピック委員会（ＩＯＣ）委員となり、日本のオリンピック参加から、一九四〇年の東京大会開催誘致まで取りくみました。

Q1 柔道はどのようにして誕生したのですか。

A 中学校の道徳教科書で嘉納を歴史的にくわしく取りあげたものがあります★1。テーマには「真の国際人」「オリンピックを欧米のものから世界のものに」というフレーズがつけられ、嘉納とオリンピックとの関わり、講道館柔道を創始したことなどが書かれています。

★1　学研二〇二〇年版、中学一年。

少年時代、体格に恵まれなかった嘉納は、柔術を習おうと思い立ちます。しかし父親は、柔術は上流社会の者がやるものではなく、文明開化を迎えたいまは時代遅れだと考えていました。それでも嘉納はあきらめず、柔術の師をさがします。

最初の師は天神真楊流《てんじんしんようりゅう》★2の福田八之助。当時の柔術は投げ技や寝技だけでなく、当て身技がある、かなりはげしいものでした。大学生になった嘉納は技の習得だけでなく、本を読んで理論面でも研究を重ねました。

一八七九年、嘉納が一九歳のときにアメリカの前大統領グラントが来日し、柔術の演武会が開催されました。★3このとき嘉納は演武をおこない、グラントや同行記者たちに感銘を与えたといわれます。

その後、師の福田八之助が急逝、嘉納は遺族から道場をまかされ修業に励み、さらに起倒流《きとうりゅう》★4の飯久保恒年《いいくぼひさとし》に師事しました。この二つの流派を中心に、外国のレスリングなどの技からも学んで考案したのが柔道★5です。

一八八二年、嘉納は東京の下谷《したや》北稲荷町（現・台東区）にある永昌寺の書院に「講道館★6」と名づけた道場を設立。わずか二二歳のときでした。

嘉納が考案した柔道は、柔術から当て身技や関節技をのぞき、投げ技を中心としたものでした。また、技を弟子だけに伝えるような柔術の秘密主義を否定し、誰もが取りくめる開かれたものとしました。さらに級や段の階級制★7を導入し、成長が確認できる客観的な実力評価を導入しました。これらにより柔道は、日本の伝統的な武術の要素を持ちながら、武術の枠をこえた合理

講道館誕生の地・永昌寺〈cc by 多摩に暇人〉

★2　江戸時代に伊勢の人磯又右衛門《いそまたえもん》柳関斎《りゅうかんさい》源正足《みなもとのまさたり》が、名称の由来となる北野天満宮で編み出した柔術。

★3　渋沢栄一の依頼で、渋沢の東京・飛鳥山の別荘で演武した。

★4　江戸時代初期、戦場の甲冑《かっちゅう》技法の技から完成された柔術。

★5　「道」が根本で「術」はその応用と考え、「術」ではなく「道」を講じるとして「柔道」とした。

★6　永昌寺から何カ所か移転し、現在は文京区春日にある。

★7　囲碁・将棋から取りいれたといわれる。

性と科学性を持つ近代的なスポーツとなったのです。

Q2 嘉納はどのようにして柔道を広めていったのですか。

A 講道館を開いた年、嘉納は学習院[★1]で政治学などを教えるようになりました。一八八九年、二九歳のときにはヨーロッパへ教育事情の視察の旅に出ます。

帰国後、嘉納は熊本の第五高等中学校[★2]の校長となり、柔道を教え、国際色豊かな学校づくりをめざして、何人もの外国人教員を採用しました。そのなかにはラフカディオ・ハーン[★3]、のちの作家・小泉八雲がいました。

柔道に興味を持ったハーンは、放課後の稽古に参加します。彼は柔道に関する文章も書き、欧米で出版されたハーンの著作によって、柔道はより世界に広まりました。

二年後、嘉納は帰京して文部省の役人となります。そして一八九三年には東京の第一高等中学校[★4]の校長となり、教員を養成する東京高等師範学校[★5]の校長も兼務します。高等師範学校の校長に専念するようになった嘉納は、ヨーロッパで学んだ知識を活かして体育科を設置、さまざまなスポーツを奨励します。知育ばかりではいけないという考えからでした。

★1　華族のための学校として設立された。現在の学習院大学。

★2　この官立高等中学校を母体に、熊本大学の前身となる旧制の第五高等学校（五高）が生まれた。

★3　一八五〇～一九〇四年。ギリシャ生まれのジャーナリスト、作家、英文学者で、一八九〇年にアメリカの出版社の通信員として来日した。日本で結婚し、日本における英語教育に尽力するとともに、欧米に日本文化を紹介する多くの著作を残した。

★4　旧制第一高等学校（一高）となり、現在の東京大学教養学部などの前身となる。

★5　東京教育大学を経て、現在の筑波大学。

また、彼はいくつもの学校もつくっています。一八八二年には、将来の日本の指導者育成をめざした英語学校の弘文館、日清戦争後は中国人留学生を受け入れる亦楽書院《えきらくしょいん》★6、その他嘉納が関わった学校はいくつもあります。彼はこれらの学校を通じて、自分の教育理念を含む思想と柔道を普及させていきました。★7

Q3 近代オリンピックの創始者クーベルタンとはどのような関係ですか。

A 嘉納が講道館柔道の指針として掲げたことばが、「精力善用」と「自他共栄」です。★1 彼がめざしたのは、たんに強い武道家の育成ではなく、柔道を通した人間教育でした。

一九〇九年、嘉納は駐日フランス大使のオーギュスト・ジェラールから、国際オリンピック委員会（IOC）の委員への就任を打診されます。近代オリンピックの提唱者、フランスのピエール・ド・クーベルタンは、オリンピック運動の拡大をめざし、アジアから参加を求めるならば日本と考えたようです。★2

クーベルタンはイギリスのパブリックスクール★3を視察し、スポーツが広く人間形成・教育に役立てられること、「相互敬愛」を促すことを知り、スポ

★6　移転して弘文学院（のち宏文学院と改称）となる。一九〇九年の閉校までに七〇〇〇人以上が学び、なかには辛亥革命の指導者となる黄興《こうこう》や作家の魯迅《ろじん》もいた。

★7　嘉納が柔道の精神としてとなえた「精力善用」と「自他共栄」を掲げる旧制灘《なだ》中学校（現在の灘中学校・高等学校）の設立にも関与している。

★1　「精力善用」は、精力の最善活用で、心身の力をもっとも有効に使用すること。「自他共栄」は、他人と共に栄えある世の中にしようとすること。

★2　当時、日本は日露戦争でロシアを破ったことで注目されていた。

★3　一三～一八歳までの子弟を教育するハロー校などの伝統的な私立のエリート校をさす。

ーツを通じて心身ともに調和のとれた人間の育成を考えたといわれています。彼はこれを近代オリンピックの精神として取りいれ、異なる国や地域の人と交流することで、互いを尊重し、偏見をなくし、スポーツを通じて世界平和を構築することをオリンピズム（オリンピックの理念）としました。

嘉納のいう「自他共栄」とクーベルタンの「相互敬愛」の考えは似ていると言われることがあります。嘉納自身は「自他共栄」とオリンピズムとの関係については直接述べていませんが、オリンピックを、スポーツによって世界平和を実現する運動として理解していたようです。

同時に嘉納は、オリンピックへの参加を、日本が欧米列強と同じような近代国家となるために必要なことと考え、さらには東西文明の融合による世界平和の実現という、アジアの立場からの目標もあったようです。

ＩＯＣ委員に就任した嘉納は、一九一一年に国内のオリンピック委員会の機能を持つ大日本体育協会を設立し、自ら会長となりました。これは国民体育とオリンピックをむすびつけようというものです。そして翌一九一二年、日本初参加となるストックホルム大会に、二人の選手を率いる団長として参加しました。[★4]

ストックホルム大会入場式の日本選手団。左端が団長の嘉納。

★4　日本がアジアの国として初参加となり、陸上競技で短距離の三島弥彦《やひこ》とマラソンの金栗《かなくり》四三《しそう》の二名が出場した。

Q4 なぜ東京でオリンピックを開催しようとしたのですか。

A 一九三二年一〇月、東京市議会は四〇年の第一二回オリンピック大会を東京に招致すると決定します。一九四〇年は神武天皇即位から二六〇〇年[★1]とされ、それを祝う「紀元二千六百年記念」事業の一つにオリンピックをという考えでした。また、万国博覧会の開催も同時に予定されました。

しかし、この前月の九月一八日、満州（中国東北部）で日本の関東軍が柳条湖事件を起こしていました。翌年には日本軍が占領した中国東北地区に、満州国[★2]が建国されます。満州国建国に対する世界の批判は強く、日本は一九三三年に国際連盟を脱退します。

日本が世界から孤立する道を歩むなか、当然ながら日本以外の国では、オリンピックの東京開催に反対する声が高まりました。ＩＯＣのなかには、東京での開催は長旅が選手の負担になるという声もありました。こうしたなか、嘉納は積極的に招致活動をおこない、オリンピック運動にとってアジアでの開催は大きな意義がある、と強調します。

一九三六年、ベルリン大会の直前に開かれたＩＯＣ総会では、開催地をめぐりフィンランドのヘルシンキとの一騎打ちとなりました。結果は三六票対二七票で、東京開催が決定されました。中国を侵略する日本への不信感があ

★1　神話にもとづく神武即位から二六〇〇年とされたが、歴史的事実ではなく、建国神話は天皇支配の正統性＝正当性につながるものだった。キリスト生誕を起点とする西暦よりも、日本の歴史は長いと政府は誇った。

★2　清朝最後の皇帝・溥儀《ふぎ》を執政とし、日本によって建国された傀儡《かいらい》国家。のちに溥儀が皇帝に即位して帝国となるが、日本の敗戦とともに消滅した。

「紀元二六〇〇年」記念式典会場（一九四〇年一一月一一日）

りながらも、嘉納の熱意が委員たちを動かしたといわれます。

しかし実際には、日本のＩＯＣ委員がイタリア首相ムッソリーニに直談判し、最有力候補だったローマを事前に辞退させていました。また、当時のラトゥールＩＯＣ会長を日本に招待して東京支持に変えさせ、さらに日本との関係を重視するドイツのヒトラー総統の後押しもあったともいわれます。

Q5 なぜ一九四〇年のオリンピック東京大会は中止になったのですか。

A 嘉納を取りあげた道徳教科書には、オリンピックの東京招致のことは書かれていますが、中止の理由と背景はきちんと書かれていません。

一九三七年七月、北京郊外での盧溝橋《ろこうきょう》事件をきっかけに、日中全面戦争がはじまりました。日本軍は予想外の苦戦を重ねつつ、一二月に当時の首都南京《ナンキン》を占領します。その際、日本軍によって捕虜と一般市民に対する殺害・強姦、いわゆる南京大虐殺事件が起こされました。

この事件が欧米で報道されると、日本に対するきびしい批判の声があがりました。[★1] ＩＯＣのなかにも、大会の準備不足や中国選手に対する対応、各国のボイコット運動などを理由に東京開催への批判と懸念が広がります。日本国内でも、戦争のために競技場建設に必要とされる鉄材の確保も難しくなり、

南京を占領した日本軍の入城式

★1　当時、日本ではきびしい報道統制がおこなわれており、多くの国民が事件を知ったのは戦後であった。

戦争を優先する軍の意向も無視できなくなりました。

一九三八年三月、カイロのＩＯＣ総会で、嘉納は大会の準備状況を報告。しかしつぎつぎにきびしい質問と意見が出されました。嘉納は、「私はスポーツを信じます。政治に影響されるものではない」と説得します（近藤隆夫『柔道の父、体育の父　嘉納治五郎』）。そして総会の帰路、船上で嘉納は急死しました。★2

国別に競い合う近代オリンピックは、国際親善、世界平和の理念に反して、ナショナリズム、愛国心の発揚の場となりましたが、一九三六年のベルリン大会を契機に、国際政治や国策と切り離せないものとなりました。ナチはベルリン大会を利用してヒトラーやナチの威信を国内外に高め、ベルリン大会は「ヒトラーのオリンピック」「ナチ・オリンピック」とも呼ばれます。日本もナチのように、オリンピックを徹底的に政治に利用しようとしたのです。しかし一九三八年七月、東京大会は軍の意向で「返上」されました。★3

しかし一九四〇年、「皇紀二六〇〇年」を祝して、天皇制国家と万世一系の天皇家をたたえる式典と記念行事は、日本全国各地でくり広げられました。当時、天皇の臣民とされた国民は、愛国歌などの募集に応じ、各種の行事に参加しました。オリンピックや万国博覧会も、国民を動員するために企画された大イベントでしたが、戦争をすすめ、国家主義的な傾向を強める日本と、本来平和的・国際的な理念を持つオリンピックは、両立するものではありませんでした。

★2　横浜到着寸前、肺炎のため氷川丸の船上で七七歳で亡くなった。

★3　代わりの大会がヘルシンキで予定されたが、一九三九年に第二次世界大戦が始まり中止となった。

さらに読んでみよう

近藤隆夫『柔道の父、体育の父　嘉納治五郎』汐文社、二〇一九年

小路田泰直・井上洋一・石坂友司編著『〈ニッポン〉のオリンピック――日本はオリンピズムとどう向き合ってきたのか』青弓社、二〇一八年

8

教育者・政治家

新《に》渡《と》戸《べ》稲《いな》造《ぞう》（1862〜1933）

——日本人最初の「国際人」

明治時代に新渡戸稲造が英文で書いた『武士道』は、各国でベストセラーになりました。また、第一次世界大戦後は国際連盟の事務局次長を務め、日本とアメリカの対立が深刻化したときは平和の大切さを訴えました。新渡戸は日本の伝統や文化に誇りをもち、世界のなかで堂々と活躍した数少ない日本人といわれています。しかしその実像はどうだったのでしょうか。

Q1

新渡戸はどのような教育者でしたか。

A 新渡戸は岩手県盛岡の出身で、東京英語学校、札幌農学校[★1]から帝国大学（のちの東京大学）へと進学、さらに米国に留学し、ジョンズ・ホプキンス大学でおもに経済を学びました。[★2]

一八九一年に帰国した新渡戸は、母校の札幌農学校に教授として赴任しま

★1　北海道開拓とそれを支える農業などを教育する学校として設立された。招かれた教員の中ではアメリカ人クラークが知られる。現在の北海道大学の前身。新渡戸は同校で内村鑑三と同窓だった。

★2　札幌農学校時代にキリスト教徒となっていた新渡戸は、留学中、平和と平等を唱えるクエーカー派の集会に通い親交を深め、のちに結婚することになるメアリー・エルキントンとも出会った。

す。学生は彼から農政や英語、倫理など、新渡戸が留学中に学んだ新知識を学ぶだけでなく、人格的にも大きく感化されたといわれています。

日曜日には自宅で聖書を学ぶ会を開く一方、未就学児童のための学校を設立、さらにいくつかの私立学校の経営にも協力しました。有名な著作『武士道』★3は、体調を崩して療養したアメリカで書かれたものです。

その後一九〇三年に京都帝国大学法科大学教授となり、植民地経営に関する政策を講じます。一九〇六年には東京帝国大学法科大学教授と兼任で、第一高等学校★4（一高）校長となりました。

当時の一高では、日露戦争の勝利を背景に、学生のあいだに偏狭なナショナリズムが横行していたといわれます。新渡戸は広い視野の必要とキリスト教の信仰にもとづく理想主義を説き、多くの学生に影響を与えました。門下には南原繁《しげる》★5、高木八尺《やさか》★6、矢内原忠雄《やないはらただお》★7などがいます。

また、すべての人間は神によってつくられ、女性にも男性と同様の教育が必要と説いて、日本の女子教育の先達者の一人となりました。★8

新渡戸稲造著『BUSHIDO』

★3　新渡戸の考える武士道によって日本人の意識や行動を明らかにし、欧米人の日本人に対する誤解を解こうとするものだった。歴史の研究者ではない新渡戸の武士道理解は正確なものとはいえず、彼のいう武士道とは、江戸時代の武士や武士道とはまったく別物といえる。日本の特殊性を強調する点に彼のナショナリストの一面が現れている。

★4　現在の東京大学教養学部などの前身となった旧制高校。

★5　一八八九～一九七四年。政治学者で東京帝国大学総長。

★6　一八八九～一九八四年。政治学者、アメリカ研究者で東京大学教授。

★7　一八九三～一九六一年。東大教授で著書『帝国主義下の台湾』など、植民地研究で大きな成果を残した。戦争中も軍部に屈しなかった矢内原は、新渡戸の大きな影響を受けているといわれる。

★8　東京女子大学の初代学長を務め、クエーカー教徒の伝道会が女子教育を目的に創立した普連土《ふれんど》女学校や、津田梅子の津田英学塾などを援助した。

Q2 植民地だった台湾とはどのような関わりがあったのですか。

A 新渡戸は国際協調や東西文化の融合を説いたことで有名ですが、他国を侵略、支配する植民政策を支持していたことは、あまり知られていません。

日清戦争に勝利した日本は、清から台湾を獲得しました。しかし台湾の人々の抵抗ははげしく[★1]、日本政府は大きな問題をかかえていました。また日本の砂糖消費量が増大したため、輸入に頼るのではなく、植民地の台湾で製糖業を発展させ、需要を満たそうという政策がありました。

アメリカから帰国した新渡戸は、同郷の後藤新平[★2]の求めに応じて、植民地台湾を統治する台湾総督府の役人として赴任します。そして、行きづまっていた製糖業を軌道に乗せ、「台湾砂糖の父」とも呼ばれるようになりました。わずかな滞在期間でしたが、台湾の産業発展に寄与した自負があったようです。そうした植民事業の実績を評価され、京都帝国大学と東京帝国大学で植民政策の講義を担当し、東京帝国大学では植民政策講座の初代担当教授となりました。

彼は列強による植民政策を人類発展の一つの段階として認め、植民地を持つ国（宗主国）と植民地のあいだの「支配と従属」の関係を肯定しました。

★1 日本への割譲に反対して「台湾民主国」を樹立、はげしいゲリラ戦を展開したが日本軍に征圧された。しかし、その後も抵抗は各地でつづいた。

★2 一八五七〜一九二九年。水沢藩士の家に生まれ、医学校を卒業後、内務省の衛生局に入る。その後、台湾総督府民政長官として植民地経営で手腕を発揮、のちに南満州鉄道株式会社総裁、逓信大臣、東京市長などを務めた。

台湾糖業博物館〈cc by Teng Feng-Chou〉

彼の考えでは、「植民」とは「支配」ではなく「開墾」であり、支配国による「領土拡大」ではなく「未開地の文明化」でした。植民によって植民地の人々は文明の恵みを授けられ、それは人類全体の恩恵につながる正当なおこないだと主張したのです★3。

それはつまり、「台湾の人々は、自国を統治できるほど政治的に成熟していないから、日本の保護・監督が必要だ」という考えでした。植民地の人々は、ただ宗主国の「指導」におとなしく従うべきだとされたのです。

Q3 新渡戸は朝鮮の人々をどうみていたのですか。

A 一九〇六年、新渡戸は韓国を訪れ、統監★1としてソウルに赴任していた伊藤博文と会談し、旅行記を残しています。「枯死国朝鮮（「枯れて死んだ国である朝鮮」という意味）」という題の文章では、朝鮮衰亡の原因は朝鮮人そのものにある、といいます。人々の生活や精神面は衰え弱まり、死が半島を支配しているというのです。

これは朝鮮半島南部の全州《チョンジュ》で記したものですが、全州は甲午農民戦争★2の際、東学農民軍が政府と停戦協定をむすんだところです。農民たちは朝鮮王国の役人や日本人商人の横暴に耐えきれず、立ちあがったのでした。日清戦争の

★3 アメリカの西部開拓時代に、白人が先住民の土地を奪い殺害することを正当化した「マニフェスト・デスティニー（明白な天命）」の考えとよく似ている。

★1 日本は第二次日韓協約によって韓国を保護国とし、一九〇六年に支配機関として統監府をおいた。その初代統監は保護国化をすすめた伊藤博文だった。

★2 東学（儒教を根幹とした民間信仰）の指導者が率いた一八九四年の反乱で農民戦争に発展し、日清戦争につながった。農民軍は日本軍とたたかい、多くの犠牲を出して鎮圧された。

口実となったこの甲午農民戦争は、当時まだ一〇年余り前のことで、彼が知らないはずはありません。

しかし彼は、このような朝鮮の人々のたたかいを無視し、朝鮮人の無力さを強調しています。台湾と同じように朝鮮に対しても、自力では何もできない遅れた国と見ているのです。こうした見方は、後進国の朝鮮を救うのは文明国である日本だとして、日本の支配を正当化しました。

新渡戸は、植民政策は人道主義を基本に、住民の利益を第一にすべきだといいます。しかしその「利益」は宗主国が住民を「教化」することで得られるもので、それが人類全体の福祉に貢献すると主張します。これはあたかも人類愛のようですが、日本の抑圧や統治をひとりよがりに認めるものではないでしょうか。

明治時代後期の帝国主義の時代において、彼は日本の植民地支配は国家の存続のために必要と考え、植民地の人々の政治的権利を奪うことを、「人類の文明の発展」という点から正当化しました。彼はキリスト教徒の立場から植民政策をすすめましたが、人間を「支配する者」と「従うべき者」に分ける考えは、政府がすすめる富国強兵の帝国主義政策に都合のよいものでした。

柳条湖付近の現場を調べる国際連盟のリットン調査団

Q4 満州事変とそれにつづく日本の中国侵略を、新渡戸はどうみていましたか。

A 一九三一年に日本が満州事変★1を起こすと、日米関係が悪化します。翌三二年、新渡戸は日米関係の修復を志し、一人の民間人としてアメリカ各地を講演してまわりました。講演は一〇〇回をこえ、ラジオでも演説しました。

しかしそれは、満州事変による日本の侵略を認めた上での、日米の協調の呼びかけでした。事変の原因は中国側にあり、日本の軍事行動は自己防衛のためだというのです。これは日本の軍部の主張と同じで、武力解決を当然とする日本の世論の主流でもありました。

当時、中国は辛亥革命により清朝を倒したものの、各地に軍閥★2が割拠し、中央政府の力は弱く、政治が混乱していました。新渡戸は、中国人に統治能力はなく、中国は統一国家とはいえないと主張します。そこには日本人は近隣のアジア人よりも優秀だという意識が見え隠れしています。

さらに新渡戸は満州を、当時日本国内で主張されたように「日本の生命線」★3ととらえていました。満州での権益は日本が正当に獲得したもので、それを否定する中国に問題があるとします。そして、満州事変により日本が建国した満州国を否認する国際連盟の決定は、あやまりだとします。★4 満州国は

★1　奉天（現在の瀋陽）郊外の柳条湖付近の南満州鉄道の線路を日本の関東軍が爆破し、これを契機に日本軍が満州（中国東北部）を占領した。

★2　国家の統合がくずれた袁世凱の統治の末期から、軍人たちが私兵をもって各地に樹立した軍事集団、勢力をさす。

★3　のちに外相となる松岡洋右が一九三一年に唱えた「満蒙は日本の生命線」というスローガンが知られる。満州と内モンゴルは戦略的・経済的にも日本の存亡を左右する地域という意味である。

★4　国際連盟は満州事変の原因を調べるリットン調査団を派遣し、満州における中国の統治権を承認した。日本軍の撤退を求める報告案に対して、総会では賛成四二、反対は日本のみ、棄権一となり、これに反発して日本は国際連盟を脱退した。

日本の「傀儡国家《かいらい》」★5だという批判に対しては、日本の「援助」であり、欧米各国がやっている国益追求と同じものだとして、正当化します。

新渡戸は軍国主義や国家主義を批判しましたが、国家を揺るがす具体的な事態においては軍事行動も認め、満州事変とそれにつづく侵略を肯定しました。

Q5 新渡戸の言ったとされる「太平洋の架け橋になりたい」とはどういうことですか。

A これは帝国大学入学試験の際に、彼が面接で述べたことばとして知られています。満州事変のあと、アメリカで日本への理解を訴えたのは、まさにこの思いを実践しようとしたからなのでしょう。

しかし新渡戸は、アメリカからは日本の軍部のまわし者と見られ、日本からはアメリカにへつらうご機嫌とりと軽蔑され、その活動は日米双方からほとんど評価されませんでした。

このため新渡戸については、軍国主義につきすすむ日本を食いとめられなかったという評価と、それでも彼なりに国際協調に尽力した、という二つの評価があります。それでも、彼が中国との関係修復ではなく、アメリカとの協調を優先したのは明らかです。

聯盟よさらば！遂に協力の方途盡

總會、勧告書を採擇し
我が代表堂々退場す
四十二對一票、棄權一

支那側勧告受諾
第六項の權利强調

けふ閣議で正式に
脱退方針を決定
聯盟離脱の最終手續

日本の国際連盟脱退（1933年）を報じる新聞記事

★5 あやつり人形。日本が満州国をあやつっているという批判。

新渡戸はアメリカに対して特別な感情を抱いていました。彼にとってのアメリカは、民主主義の源であり、キリスト教徒であった彼自身の精神的な原点でもありました。「原点としてのアメリカ」とは、西洋文明の基礎であるキリスト教にもとづいた当時のアメリカの価値観のことです。それは多民族国家としてのアメリカではなく、先住民を排除し、黒人奴隷を酷使してアメリカを建国したアメリカ白人の主流派、ワスプ[★1]（ＷＡＳＰ）の持つ価値観でした。

　この視点からは、権益の拡大をめざす帝国主義列強諸国と、政治、経済、軍事でたたかいながら、統一的な国家の建設を模索していた中国を理解することはできません。革命や混乱のなかで生きぬく、中国の人々への共感もありません。彼のいう「架け橋」は、隣の中国ではなく、はるか遠く太平洋の向こうのアメリカに向けられていました。

　現代において、道徳の授業で「国際親善」を扱うならば、この時代に中国の人々の苦しみに共感し、同じ人間として中国人を支援した人がいたことを知る必要があるでしょう。[★2]「国際人」や国際連帯の姿は、そこにこそ見出せるのではないでしょうか。

新渡戸稲造と妻メアリー

★1　ＷＡＳＰとはWhite Anglo-Saxon Protestantの略で、アメリカのアングロ・サクソン系のプロテスタントの白人を指す。

★2　例えば、作家の魯迅と強い絆を結んだ内山完造や、二五歳で上海に渡り侵略戦争に反対した長谷川テル（緑川英子）など。

さらに読んでみよう

谷口真紀『太平洋の航海者——新渡戸稲造の信仰と実践』関西学院大学出版会、二〇一五年

西田毅編著『概説　日本政治思想史』ミネルヴァ書房、二〇〇九年

9

教育者 津《つ》田《だ》梅《うめ》子《こ》（1864〜1929）

――女性の自立をめざし学校を創設

津田梅子は、日本最初の女子留学生の一人で、女子英学塾の創設者として知られています。しかし、それだけでは津田を知ったことにはなりません。彼女はなぜ日本の女子教育の先駆者となったのでしょうか、津田が生きた時代と、彼女の生き方を見ていきましょう。

Q1

小学校社会科の歴史で、女性があまりとりあげられていないというのは、ほんとうですか。

A ほんとうです。文科省は小学校社会科の歴史でとりあげるべき人物として四二人をあげています。しかし女性はわずか三人、卑弥呼《ひみこ》、紫《むらさき》式部《しきぶ》、清少納言《せいしょうなごん》だけです。

中学校で採択数が多い東京書籍や帝国書院の歴史教科書では、津田は本文ではなく脚注で、女子留学生として紹介されています。過去の戦争や植民地支配の責任を軽視するなど、多くの問題点が指摘される育鵬社の教科書では、「なでしこ日本史」[★1]という名のコラムで、実業家の広岡浅子と作家の樋口一《ひぐちいち》葉《よう》、そして津田を取りあげています。日本女性を「なでしこ」の花のイメージでとらえる見方には、賢いがひかえめで、陰から男性をひきたてる女性という、男性に都合のよい昔ながらの女性観がうかがえます。

一方、学び舎の中学歴史教科書は、「六歳の女子留学生」という名のコラムで津田をとりあげ、政府が留学生を送った理由、アメリカでの生活、帰国後の現実、津田の夢まで、簡単ですが幅広く記しています。

道徳の教科書を見ても、女性の登場は多くありません。津田はわずかに中学や小学校の教科書[★2]でとりあげられていますが、人物一覧のなかの一人や、コラムでの簡単な扱いです。

なぜ教科書は女性をあまりとりあげないのか、理由はさまざま考えられますが、まずは日本の女性の社会的な地位が著しく低いという現実があります。現代でも日本の男女格差の指数は世界一四六か国中で一二五位（二〇二三年、[★3]世界経済フォーラム）、最低レベルに近く先進国とは言えません。女性議員や女性管理職が少ないのは、日本の女性に優れた能力がないからではありません。女性の活躍をはばんでいるものは、何でしょうか。

★1　アメリカ大統領との会見で、「日本人が大切にしている伝統は何か」と問われ、津田が「犠牲の精神と忠誠心」と答えて大統領を感心させたと書かれている。

★2　光村図書の中学三年の教科書の人物一覧ページのなかの一人としてとりあげられ、「女子教育者　七歳で日本初の女子留学生としてアメリカに留学し、一八歳で帰国。華族女学校で教授などを務めた後、女子英学塾（後の津田塾大学）を創立し、多くの人材を育てた」とある。学研の小学四年の教科書では、一ページのコラムがある。

★3　世界の政治、経済などの各分野における指導者層の交流を目的とした国際機関。

Q2 なぜアメリカに留学することになったのですか。

A 明治のはじめ、女子留学生をアメリカ合衆国に派遣しようと考えたのは、北海道開拓使★1です。開拓使次官の黒田清隆《くろだきよたか》★2は一八七一年にアメリカ視察をおこない、アメリカ女性の社会的地位の高さを知り、女子教育の重要性を痛感しました。帰国した黒田は、政府に提案するため建白書を提出します。

彼は開拓をすすめるには人材が肝心、その人材の育成の基礎は教育にあると考えました。そして母親による子どもの育児・教育を重視して、女学校の設立と、女子留学生を欧米に送ることを提案します。つまり、開拓や近代国家の建設を担う男子を育てるために、女子教育を充実し、女性がしっかり家庭で教育することを期待したのです。それは黒田が感銘を受けた、アメリカの白人中産階級の女性像でもありました。

この提案は、政府が主導する一〇年間の官費留学計画となり、留学生は七一年の岩倉使節団★3に随行して渡米することになりました。開拓使は留学希望者を募集しますが、なかなか集まりません。やっとのことで五名の応募が集まりました。たとえ費用は政府持ちでも、当時は女子が一〇年間も留学するなど、多くの家庭にとって論外のことでした★4。

五人の女子留学生。右から二人目が津田梅子

★1　明治政府が北海道の開発のために一八六九年に置いた官庁。

★2　一八四〇～一九〇〇年。薩摩藩士として幕末に活躍し明治の軍人となり、第二代総理大臣となった。

★3　一八七一～七三年まで、岩倉具視を全権として、条約改正交渉を目的に政府首脳や留学生を含む一〇七人が欧米に派遣された。交渉は果たせなかったが、この旅が近代国家建設に与えた影響は大きいといわれる。

★4　五人の親はいずれも幕末に欧米の事情に通じる役職についていた。

津田梅子の場合は、父津田仙《つだせん》が開拓使の嘱託《しょくたく》だったことから、女子留学生募集の話を聞いたようです。仙はオランダ語と英語を学んで幕府の通訳に採用され、一八六七年には福沢諭吉らとともに随員としてアメリカを訪れ、のちには農学者となりました。

彼は男女平等を支持したのではありませんが、新しい考え方をする人で、数え年八歳の梅子を応募させました。梅子は六歳までに漢字も含め、読み書きができたといわれています。★5

Q3 アメリカには二度留学したのですか。

A 一八八二年、津田は一〇年余りのアメリカ生活を終え帰国しました。一八歳になった津田は日本語をほとんど忘れており、日本の生活習慣にもなじみがありませんでした。しかも、帰国した男性の留学生には仕事があるのに、女性の留学生が活躍できる職業分野はありませんでした。津田はアメリカに送った手紙のなかで、日本の女性の地位の低さを嘆いています。

そうしたなか、渡米の際一緒だった伊藤博文と再会し、彼の推薦で華族女学校で英語を教えることになりました。しかし華族女学校は皇族や華族のための学校で、上流階級への教育にはなじめなかったようです。そして一八八

★5 日本には公教育成立以前に家庭や寺子屋などでの非公式な女子教育の伝統があり、これが明治以降の女子教育やアメリカから女子教育を受け入れる素地になったとも指摘される。

第一回の留学から帰国後、家族と共に。左端が梅子

八年、来日した留学時代の友人アリス・ベーコンに再度の留学をすすめられ、翌年二五歳で再び渡米します。自分はどう生きていくのか、すすむ道を見つけようとしたのかもしれません。

進学先はフィラデルフィア郊外にある、創立四年目のブリンマー★1大学でした。津田はここで生物学を専攻し、カエルの卵に関する論文を書いて高い評価を受けました。指導した共同執筆者のモーガン教授は、のちのノーベル賞受賞者です。彼女はまた、ニューヨーク州のオスウィーゴ師範学校で、教授法の勉強もしました。

津田はアメリカで生物学の研究をつづけることをすすめられます。しかし迷った末に断り、帰国しました。彼女は再び華族女学校に勤めましたが、生物学への思いはとても強かったようです。

日本で女子のための学校をつくろうという津田の決意は、女性の高等教育が育ちゆくアメリカに滞在していたときに強まったといわれています。在学中の講演では、日本の女性の地位の向上をめざすことを強調しており、主体的に生きる自立した女性を育てる教育を考えていました。

二〇世紀が間近にせまった一八九九年、高等女学校令、私立学校令が公布され、日本でも女子教育への機運が高まりました。津田は華族女学校を辞して、女子英学塾の開校をめざします★2。

★1　一八八五年ペンシルヴァニア州ブリンマーに、キリスト教のクエーカー派が創立した私立女子大学。

一八八九（明治二二）年、ブリンマー大学入学当時

★2　開校に向けては、父の仙やアリス・ベーコン、ともにアメリカに留学していた大山捨松《すてまつ》、瓜《うり》生《う》繁子《しげこ》などの協力があった。

Q4 ヘレン・ケラーやナイチンゲールと会ったというのは、ほんとうですか。

A

一八九八年、津田はアメリカのコロラド州デンバーで開かれた万国婦人連合大会に日本の代表として出席しました。このとき彼女は三四歳、三度目のアメリカへの旅でした。

津田は着物姿で登壇し、三〇〇〇人の聴衆を前に、日本の女性問題について英語でスピーチしました。講演は大喝采をうけ、新聞にも載り、津田は一躍有名になります。ヘレン・ケラーと会ったのはその数日後、当時ヘレンは一八歳の学生でした。目が見えず、耳が聞こえず、口もきけない障がいとたたかうヘレンは、すでに全米で知られていました。

ヘレンは、「あなたの成功と幸せをお祈りします」と記した手書きのカードを渡します。それは家庭教師アン・サリヴァンの指導によって、努力の末に学び取った文字でした。津田は人間の意志の力に感銘し、大きな影響を受けます。

また一八九九年、イギリスに招かれた際に、フローレンス・ナイチンゲールを訪ねました。ナイチンゲールはこのとき八〇歳で、病床での面会でしたが、日本の女性の現状を訴える津田に、「イギリスも少し前までは日本と同じでした」と励ましています。★1 この面会は印象深く津田の日記に記されまし

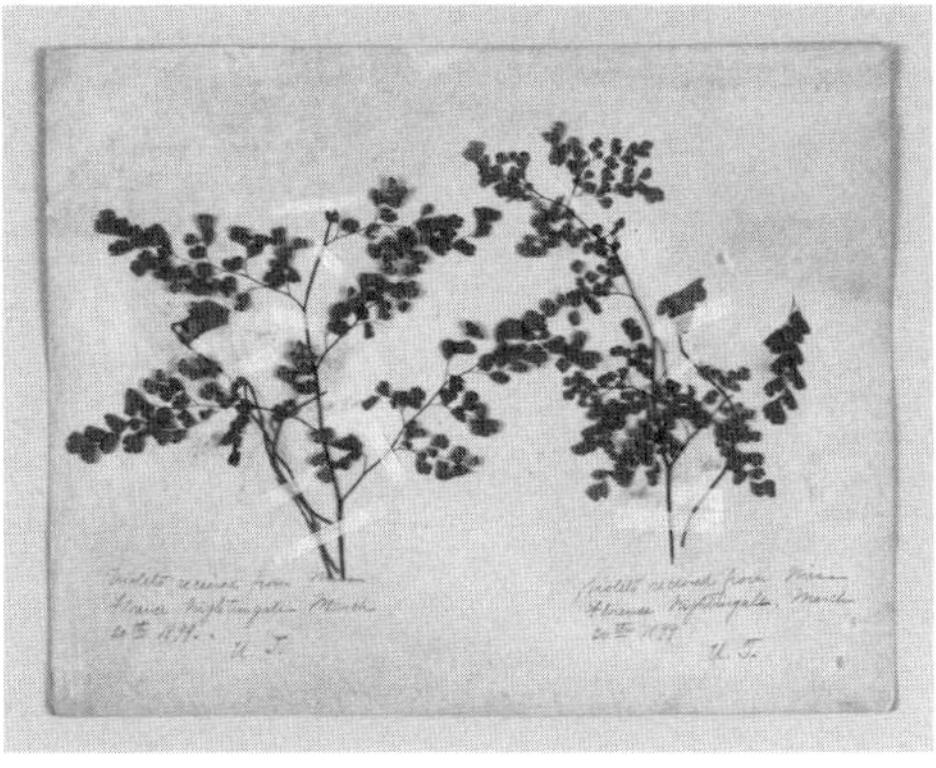

ナイチンゲールから送られた押し花（津田塾大学津田梅子資料室所蔵）

★1　このとき、ナイチンゲールから贈られたという花束が、押し花となって津田塾大学に保存されている。

た。ヘレン・ケラーとナイチンゲールとの出会いによって、日本女性に教育を広めるという決意はいっそう固まったといわれます。

帰国後津田は、学校建設資金の寄付をアメリカの友人たちに依頼しました。日本で寄付を集めることは困難でしたし、援助をうければ「良妻賢母」[★2]型の教育を求められると考えたからです。呼びかけによって多くの寄付が集まり、アメリカで後援会もつくられました。

Q5 女子英学塾とはどんな学校だったのですか。

A 一九〇〇年九月、津田は日本最初の女性の高等教育のための私立学校「女子英学塾」[★1]を、東京の麹《こうじ》町に開校しました。英語を通して女性の視野を広げることが教育の目標です。学生はわずか一〇人、年齢は一四歳から三〇歳まで、さまざまでした。

きびしい授業で当初は脱落者が相次ぎました。しかし「良妻賢母」を目標とする他校の女子教育とは大きく異なり、進歩的でレベルの高い授業が評判になりました。学生の増加により校舎は移転しますが、経営はきびしく、アメリカからの財政的援助、人的援助が大きな支えでした。津田は女子英学塾だけでなく女子師範学校[★2]でも教え、収入は学校の経営にあてられました。

★2　家父長制の家族のもとで、男は仕事、女は家事・育児と性別で役割を固定し、よい妻で賢い母であることを求めた女子教育。

最初の校舎にて（麹町区一番町）（津田塾大学津田梅子資料室所蔵）

一九二三年の関東大震災では校舎が全焼し、その再建もアメリカが頼りでした。しかしこのときはもう、アメリカへ行って募金をつのるだけの健康と体力がありませんでした。アメリカでは新たに委員会が組織され、校舎建設の資金が集められました。

新校舎は一九三一年に東京の小平村（現小平市）に完成します。津田は二年前に亡くなっており、学校名は津田英学塾と改称されました。津田は生前、塾を大学にすることを願っていましたが、敗戦後の一九四八年に津田塾大学となりました。

現在、広い津田塾大学のキャンパスに、創立者津田梅子の銅像はありません。校旗や校章、校訓もありません。ただ青山墓地から移された津田の墓があるだけです。伝統や権威にはたよらない、自分の生き方は自分で決める、自主性を育てることを目標とした津田らしい校風です。

津田は塾長室に地図を張り、卒業生が教員として赴任した先に赤い印をつけていました。自分の人生と重ね、教えた学生が、次の時代を築く女性たちを育てるのを期待したのではないでしょうか。卒業生には、さまざまな分野で活躍している人たちがいます。★3

★1　校舎は麴町区一番町（現在の東京都千代田区三番町）の民家だった。

★2　小学校の女性教員の養成を目的とした学校。

★3　売春防止法の成立に尽力した政治家の神近市子、社会主義の立場から女性解放運動の活動をつづけた山川菊栄、精神科医の神谷美恵子、社会学者の鶴見和子、評論家の犬養道子、社会人類学者の中根千絵、作家の大庭みな子など。芥川賞を受賞した大庭は『津田梅子』を著し、津田の生涯を追っている。

さらに読んでみよう

古木宜志子『津田梅子』清水書院、一九九二年
高橋裕子『津田梅子の社会史』玉川大学出版部、二〇〇二年
大庭みな子『津田梅子』朝日新聞出版、一九九三年

10

医師

シュヴァイツァー（1875～1965）

「密林の聖者」の光と影

いくつかの中学道徳教科書で、歌手さだまさしの楽曲「風に立つライオン」[★1]が取りあげられています。ケニアに派遣され、現地医療に従事した柴《しば》田《た》紘一郎《こういちろう》をモデルにした曲です。柴田は子どものときにシュヴァイツァーの伝記を読み、医師の道を志したそうです。シュヴァイツァーの伝記は数多く、幼年時代を取りあげている道徳教科書もあります。[★2]

Q1 シュヴァイツァーはなぜ医師になったのですか。

A シュヴァイツァーは一八七五年、当時はドイツ領だったアルザス[★3]で牧師の子として生まれました。そのころドイツでは牧師の社会的地位は高く、シュヴァイツァーの家は比較的恵まれた家庭でした。彼は幼いときからピアノやパイプオルガンを習いましたが、まわりとの貧富の差にも気づい

★1　柴田から体験談を聞いたさだが楽曲を創作。歌詞はアフリカで医療活動に従事する主人公が日本にいる恋人にあてた手紙の形式をとっている。

★2　学研二〇二四年版、小学三年の教科書。

★3　フランスの北東部、ドイツと国境を接する地方で、長らくフランスとドイツが領土争いをつづけた。第一次世界大戦後はフランス領。第二次大戦中ドイツが占領したが、戦後はフランス領。

ていました。

二一歳のとき、シュヴァイツァーは人生の決断をします。それは「三〇歳までは学問と芸術にうちこみ、その後は世の中のためにつくす」というものでした。★4

一九〇四年の秋のある日、二九歳だったシュヴァイツァーは、パリのキリスト教の伝道団体が出したパンフレットを目にします。それは疫病の広がるアフリカで、献身的に布教するフランス人宣教師の紹介でした。彼は医師としてアフリカへ行くことを決意します。

彼は大学で神学科の講師をしていましたが、医学部で学びはじめます。そして三八歳で医学の学位をとり、深刻な医療問題を抱える、中部アフリカのフランス領赤道アフリカのランバレネ★5で活動することを決めました。

一九一三年、シュヴァイツァーは前年に結婚した妻とともに、ランバレネで医療活動をはじめます。しかしその翌年に第一次世界大戦が起きたため、医療活動は中断されました。そして、病院の資金確保のための講演や、パイプオルガンの演奏会をヨーロッパ各地でおこないました。彼はオルガン奏者、バッハの研究者としても高く評価されていたのです。

のちに彼はアフリカでの献身的な医療活動とその著作から、欧米を中心に「密林の聖者」「偉人」と呼ばれるようになりました。

★4　キリストが三〇歳から布教活動をはじめたことにならったようで、最初はヨーロッパで貧しい人々などを救う仕事を考えていた。

★5　現在のガボンの中部に位置する都市。

フランス領赤道アフリカの範囲（一九一〇～五八年ごろ）

Q2 ヨーロッパ諸国によるアフリカの植民地化は、どのようにすすめられたのですか。

A 一六世紀から三〇〇年間もつづいたヨーロッパ人による奴隷貿易は、アフリカに大きな傷跡を残しました。一五〇〇万人以上ともいわれる人々が連れ出され、社会、経済、文化など多くの面でアフリカを衰退させたのです。

一九世紀はじめ、欧米諸国は奴隷貿易と奴隷制度を廃止しますが、一九世紀後半にはヨーロッパ列強[★1]によるアフリカの植民地化が進行します。その先兵となったのが、探検家やキリスト教の宣教師でした。

それまでヨーロッパ人の持つアフリカについての知識は、海岸部についてのものだけでした。探検家は急流をさかのぼり、アフリカの内陸、奥地に入っていきます。有名な探検家のリヴィングストン[★2]は、ロンドンの宣教師団体が派遣した宣教師でした。ヨーロッパ人はアフリカを文明の光の届かない「暗黒大陸」、未開・野蛮の地と考え、自分たちの神の教えを広めようとしました。

探検家のあとには商人がつづきました。商人たちはそれぞれの政府の保護をうけ、象牙など安く手に入れたアフリカの産物を本国に送り、綿布など本国で生産された製品をアフリカで高く売りました。ヨーロッパの列強は植民

★1 イギリスやフランスなど、植民地を獲得することができる強国をさす。

★2 一八一三～七三年。スコットランド出身の宣教師、医師、探検家。ヨーロッパ人として初めてアフリカ大陸の横断に成功した。人道主義者で奴隷貿易廃止運動の先駆者ともいえるが、結果的に植民地支配への先鞭をつけることになった。

リヴィングストン

地をつくり、そこを守るために軍隊を置きました。

やがて植民地の取りあいで争いが起き、調停のための会議が一八八四年にベルリンで開かれました。アフリカ人が一人も参加しないところで、地図の上で分割線が引かれ、「先に占領し、支配権を確立した国が領有権を持つ」と決められました。

一九世紀の末、アフリカ大陸の約九割は列強の植民地として分割され、いわゆる帝国主義の時代となりました。アフリカ人は土地を奪われ、税とヨーロッパ向けの商品作物の生産を課せられ、苦しい生活を強いられました。アフリカ人は各地で抵抗しましたが、近代的な装備の軍隊に鎮圧されました。

Q3

シュヴァイツァーは植民地支配をどのように考えていたのですか。

A

アフリカでの医療と布教を決意したシュヴァイツァーには、ヨーロッパによる植民地支配という明確な認識はなかったようです。

シュヴァイツァーは、アフリカの現地の人々を教育し、彼らに福利厚生をもたらすならば、植民地支配は認められると考えていました。それは、アフリカを支配下に組みこみ、全世界に広がるヨーロッパの帝国主義を擁護することにつながります。

現在アルザスにあるシュヴァイツァー記念館
〈cc by Ji-Elle〉

シュヴァイツァーは、帝国主義によって奴隷貿易が廃止され、絶え間なく起きていた内乱が終わり、平和がもたらされたととらえています。他方、世界的な商業がアフリカに浸透し、そのために弊害が生まれたことも認めています。

そして、現地の首長がかつてのヨーロッパ人のように、人々を奴隷のように酷使していることを問題にして、植民地支配を否定すれば再び首長の支配が強まり、人々は奴隷のようにされるだろうと考えていました。

しかし、その責任はアフリカ人の首長だけでなくヨーロッパ人にもあると認めています。彼はヨーロッパ人はアフリカ人を啓蒙する自覚を持ち、権威を持たなければならないとしています。これはアフリカ人の立場からではなく、ヨーロッパ人からの視点です。彼は宗教的な使命感と善意からアフリカ人のために生涯をささげましたが、ともに暮らしたアフリカ人の心や尊厳を理解していたとは思えません。

シュヴァイツァーは、アフリカ人はヨーロッパ人を信頼し、支配に従っているほうが幸せだと考えていたのでしょうか。

Q4

アフリカからシュヴァイツァー批判の声があがったのですか。

A

日本や欧米で高く評価されてきたシュヴァイツァーが批判されるようになったのは、一九五〇年代の後半です。それは第二次世界大戦が終結し、アフリカ諸国がつぎつぎに独立しはじめたときでした。

シュヴァイツァーは、アフリカ人に独立が必要だとは考えませんでした。その前にヨーロッパ人からしっかり学べというのです。彼はアフリカ人に高度な教育や技術を与えることに反対し、病院でもアフリカ人スタッフの仕事は一部だけに限られていました。

シュヴァイツァーの献身的な活動が評価される一方で、病院では旧式の器具や機器を使いつづけ、施設は不衛生だったことなどが指摘されています。彼は病院の施設や組織の近代化には頑固に反対しました。旧式のやり方にこだわった理由は、何だったのでしょうか。そうした治療や看護は、果たして現地の人々の生活や求めにそうものだったでしょうか。

シュヴァイツァーには、白人優位主義者の一面が多々あったと指摘されます。シュヴァイツァーは、ヨーロッパ人をアフリカ人より上の立場にあると考えました。平等、対等ではありません。ヨーロッパ人を兄、アフリカ人を弟として扱ったことは、アフリカの人々の立場を尊重しないという点では、植民地主義者や帝国主義者と同じです。本人は気づかなかったのでしょうが、アフリカを想い、アフリカ人にやさしく接したことの背景には、アフリカとアフリカ人に対するまちがった認識があったのではないでしょうか。

現地の人々を下にみる姿勢は、現地の文化への評価にもつながります。ア

現在記念館として残るランバレネのシュヴァイツァー病院〈cc by David Stanley〉

フリカの文化や芸術を高く評価する声は、当時すでにヨーロッパに生まれていました。しかしシュヴァイツァーは、長い歴史を持つアフリカの文化を尊重せず、自らの神学にもとづくキリスト教的な価値観を優先させていたようです。

このため、シュヴァイツァーの献身的な医療に助けられた人からでさえ、批判の声があがりました。「かわいそうな人たちを救う」のは大切なことですが、「かわいそう」という思いの背景には、帝国主義や人種主義を元とする多くの問題があります。

Q5 シュヴァイツァーは平和運動をおこなったのですか。

A 第一次世界大戦が終結してランバレネにもどったシュヴァイツァーは、往診の道すがら、自然の中で悠々と生きる動物を見て「生命への畏敬」[★1]に気がつきます。彼が四一歳のときのことでした。

こうした思想がシュヴァイツァーの献身的な医療活動を支え、また第二次世界大戦後、核問題をはじめとした平和運動をおこなうことにつながったといわれます。冷戦[★2]の時代、アメリカとソ連ははげしい核兵器開発競争をおこない、多くの知識人が、核戦争を憂慮して核兵器廃絶の声をあげました。シ

★1　生命をないがしろにしたり、傷つけたりすることを悪とし、生きるものを愛し、生命そのものを大切にする考え。

★2　第二次世界大戦後から一九八〇年代末までの、アメリカを中心とする西側とソ連を中心とする東側陣営間の緊張した国際関係をいう。

ュヴァイツァーもその一人です。

一九五二年にノーベル平和賞を受賞した彼は[★3]、五四年の受賞講演で平和と核廃絶をアピールしました。五八年には、世界的なチェロ奏者のパブロ・カザルスと連名で、米・ソに対し軍拡競争と核実験を中止するよう声明も出しました。

アメリカ人のノーマン・カズンズは、一九四九年に広島を訪れて強い衝撃を受け、その後日本とアメリカを行き来して、広島の被爆者への支援や核兵器廃絶運動などに取りくんだジャーナリストです[★4]。彼は一九五七年にランバレネを訪れ、以後シュヴァイツァーは唯一の戦争被爆国日本に強い関心を持つようになりました[★5]。

シュヴァイツァーの生涯を学ぶ際には、一面的に彼を英雄視したり、理想化するのではなく、その行動や思想の問題点も見落とさないことが必要です。

★3　ノーベル賞の賞金は自分のために使うことはなく、ランバレネの病院の病棟建設などに使われた。

★4　カズンズは広島市の特別名誉市民の称号を受け、二〇〇三年には広島の平和記念公園に彼の記念碑が建立された。

★5　ランバレネのシュヴィツァーの病院で医療に従事した日本人医師もいた。

さらに読んでみよう

小牧治・泉谷周三郎『シュバイツアー』清水書院、一九六七年

寺村輝夫『アフリカのシュバイツアー』童心社、一九七八年

上村松園肖像写真「帝国芸術院会員になった頃」（昭和16年頃）（松伯美術館提供）

11

画家 上村松園《うえむらしょうえん》（1875〜1949）

——女性画家の先駆者

道徳の教科書に、芸術家はあまり登場しません。芸術家のなかでも女性はさらにまれですが、その一人が日本画家の上村松園です。★1 松園は気品ある美人画を発表し、早くから名声をえて、戦後の一九四八年に女性初の文化勲章を受賞しました。その作品には彼女が生きた激動の時代が色濃く反映されています。

★1 学研二〇二四年版、小学六年。

Q1 戦前には女性の画家はめずらしかったのですか。

A 上村松園の本名は津禰《つね》、生年は一八七五年（明治八年）で、京都の繁華街四条通の葉茶屋（茶葉の量り売りをする店）の娘として生まれました。近隣には画家や文人、絵師や能楽師などが住み、江戸時代の雰囲気を残す京都で、伝統文化に囲まれ育ちました。

津禰は幼いころから絵を描くことが大好きな少女で、[★2]小学校を卒業後、日本最初の公立画学校である京都府画学校（現在の京都市立芸大の前身）に入学します。しかし親戚のなかには、この進学に強硬に反対する人がいたそうです。当時の画壇は男の世界でしたから、女性が画家になるなど考えられないことでした。

当時は儒教の「三従の教え」（女性は幼いときには父に従い、結婚してからは夫に従い、年老いてからは息子に従えという戒《いまし》め）や、江戸時代の女子向けの教訓書『女大学』[★3]のような女性像が当たり前とされていて、良妻賢母[★4]が女性の理想でした。女性が勉強すれば生意気になる、絵を習うなどまったくむだなこと、と非難されたのです。女性が個性や才能を開花させ、職業にするなどありえないことでした。

しかし、津禰の母は津禰の絵への強い想いを理解し、進学を後押ししました。若くして夫を失いながら、再婚もせず、商売と子育てをやり遂げた母親だからかもしれません。のちに松園がさまざまな困難を乗り越えられたのは、母親の存在が大きかったといわれます。

母は後年も、忙しい松園に代わって子育てを手伝うなど、娘を支えつづけました。松園は回想録『青眉抄《せいびしょう》』で、「私を生んだ母は、私の芸術までも生んでくれたのです」と書いています。[★5]

★2　松園の回想録には、店先で母に半紙をもらって絵を描いて遊んでいたとあり、近所の絵草紙屋で売られていた錦絵や本の挿絵の下絵などが松園の教材となった。

★3　一度嫁したら二夫にまみえぬこと、夫に服従することなど、封建的な隷従的道徳が説かれている。

★4　第9章津田梅子のQ4、注2参照。

★5　母親は一九三四年、松園が五九歳のときに亡くなった。同年の作品『母子』は亡き母への想いを込めた作品とされる。

上村松園筆『母子』

Q2 松園は絵をどこで学んだのですか。

A 津禰が一二歳で入学した京都府画学校には四つの教室があり、彼女は雪舟《せっしゅう》★1や狩野派《かのうは》★2などの力強い筆法を学ぶ教室を選択しました。ここで彼女は自分の生涯に大きな影響を与えることになる師・鈴木松年《しょうねん》と出会います。彼は丸山派★3の大家・鈴木百年《ひゃくねん》の息子で、当時四〇歳前後でした。

画学校は六級から一級まで六段階に分かれ、一年に二級ずつ進級して三年で卒業というしくみでした。新入生はまず花や鳥を描かされます。津禰が描きたかった人物画は、上級にならなければ描かせてもらえません。彼女は師の松年に人物画を描きたいと訴え、熱意を認めた松年は自分の塾へ通うようすすめました。そしてめきめきと腕をあげた彼女は、松年の一字を譲り受け、「松園」の画号を使うようになりました。のちに松年が京都府画学校を辞めることになると、松園も追って学校を退学し、松年塾の塾生となりました。

そして一八九〇年、第三回内国勧業博覧会に出品した『四季美人図』が一等を取り、来日中だったイギリスのヴィクトリア女王の三男コンノート公が購入して、大きな話題となりました。★4松園、わずか一五歳のときのことです。

松園が松年に師事したのは、画学校時代も含め六年ほどでした。一八歳のときには京都画壇の長老・幸野楳嶺《ばいれい》の塾に移ります。★5しかし楳嶺はまもなく

★1 室町時代の水墨画家・禅僧。遣明船で中国に渡り、中国の画法を学び、日本独自の水墨画風を確立した。
★2 室町時代から江戸時代まで、襖《ふすま》や障壁画を制作し画壇の中心となった最大画派。
★3 丸山応挙を祖とし江戸中期におこった写実性と伝統的な装飾性を融和させた絵画の流派。
★4 購入者が皇太子と書かれたものがあるが、誤りである。
★5 師の松年が人物画の指導者としての責任を果たせないことから認めたようである。

亡くなり、その後は楳嶺のあとをついだ竹内栖鳳《せいほう》★6に師事しました。

Q3 「未婚の母」のまま画家をつづけたというのは、ほんとうですか。

A

松園は縁談には耳を貸しませんでしたが、二七歳で妊娠します。相手は師の鈴木松年と言われますが、名は明かされていません。

彼女は「未婚の母」の道を選び、世間の冷たい視線に耐えながら、長男信太郎を出産しました。信太郎は成長して画家上村松篁《しょうこう》★1となり、のちに文化勲章を受章します。孫の上村淳之《あつし》★2も父と同じ花鳥画の大家となり、のちに文化勲章を受賞して、親子孫三代の受賞となりました。

松園は絵の勉強をおこたらず、つぎつぎと作品に取りくみ、各地の展覧会・博覧会で高く評価されました。しかし、日本画壇は女性画家の進出を認めようとせず、松園はねたみの的でした。このつらい時期を振りかえって松園は、絵で勝負しようという気持ちが絶えず自分をはげまし、勉強する動機になったと述べています。

一九〇四年、二九歳のときに、展覧会に出品中の『遊女《ゆうじょ》亀遊《きゆう》』の顔に落書きをされるという事件が起きました。亀遊は幕末の開港場横浜で、外国人客の相手を拒んで自害したとされる遊女です。松園はその強い心意気を自分に

★6　一八六四～一九四二年。ヨーロッパで学び、近代日本画の先駆者といわれ、戦前の京都画壇を代表する人物。

★1　一九〇二～二〇〇一年。格調高い花鳥を描き、母からの手ほどきは何もなかったといわれる。一九八四年に文化勲章を受賞。

★2　一九三三年～。父同様、花鳥画を描き二〇二二年に文化勲章を受賞。京都市立芸術大学名誉教授。

松伯美術館外観「大渕池から望む」（松伯美術館提供）上村松園・松篁・淳之の三代にわたる作品を展示している。

ひき合わせ、短刀を手にした自死直前の亀遊を描いたといわれます。
会場の職員は「絵をなおしてください」と頼みましたが、松園は断ったとされます。暴挙の理由は彼女への反発なのか、画題への反発なのかわかりません。作品は落書きされたまま展示されました。★3

その後も松園は美人画を描きつづけ、三二歳からは一〇年間、文部省美術展覧会で毎回のように入選と受賞を繰りかえしました。

★3　絵は会期中にほしいという人が現れ、落書きを消して譲られた。

Q4 戦争中、画家たちは軍部に協力していたのですか。

A　一九三一年に満州事変が起こると、日本は軍部が絶大な権力を握る時代になりました。軍部は美術作品の題材や内容にまで細かく干渉し、戦争協力を強いてきました。これに積極的に協力する人、沈黙する人など反応はさまざまありましたが、美術界にとっては総じて暗い時代となります。

多くの画家が従軍や慰問の旅に動員され、軍部に協力していきました。国民の戦意を高揚させる絵の制作を引きうければ、絵の具などの画材を与えられ、絵を描けるのです。軍部が画家に依頼し描かれた絵画は相当の数にのぼります。

軍部に協力した画家の一人に、洋画家の藤田嗣治《つぐはる》★1がいます。すでに世界的

★1　一八八六〜一九六八年。第一次世界大戦前からパリで活動し、猫と女性を得意な画題とする。日本画の技法を油彩画に取り入れ、独自の「乳白色の肌」とよばれた裸婦像などが高く評価された。

な名声を得てパリに住んでいた藤田は、一九四〇年、ドイツ軍によるパリ占領の直前にパリを離れ日本に帰国しました。藤田は軍部から依頼を受けて、日本軍が戦った各地を訪れ、つぎつぎと戦争関連の作品を制作します。

なかでも藤田が「快心の作」とする作品が『アッツ島玉砕』です。これは一九四三年、アメリカの総攻撃で全滅した、アリューシャン列島アッツ島での日本軍兵士の死闘を描いた巨大な作品です。この絵の前で祈り拝む人もいたそうですが、藤田は、戦争画の傑作こそ絵画史に残る傑作だと★2自負しています。「玉砕」とは全滅のことで、無惨な死と犠牲を美化することばでした。

敗戦後、日本を占領したGHQ（連合国軍最高司令官総司令部）が戦争犯罪の追及をはじめると、美術界でも戦争責任の追及が本格化しました。さまざまな戦争画を描いた藤田を非難する声も大きくなりました。

藤田は日本をあとに、フランスに渡ります。一九五五年には夫妻でフランス国籍を取得し、日本国籍を抹消、五九年にはカトリックの洗礼を受けました。近年、日本各地で藤田の展覧会が開催され、★3伝記映画もつくられるなど、再び注目を集めています。

藤田嗣治

★2 『美術』昭和一九年五月号。

★3 『FOUJITA』小栗康平監督、日仏合作、二〇一五年。

Q5 戦中・戦後の松園は、どのように評価されているのですか。

A 戦意を高めるための絵画といっても、戦闘場面ばかりではありません。松園のような日本画家たちは、日本が戦争へと向かうなか、富士山や朝日、歴史上の人物など日本特有の文化の象徴とされたものを描きました。松園は「彩管報国《さいかんほうこく》」ということばで、彩管（絵筆）によって国に報いると言い、「日本は他の国とはちがう特別な国である」と強調する日本ファシズムの思想に応えていたと指摘されます。

　一九四一年七月、松園は帝国芸術院会員に任命され、秋には中国へ出征兵士の慰問旅行をおこないました。★1 日本の傀儡《かいらい》政権★2の指導者・汪兆銘《おうちょうめい》★3に作品を贈ったのはこのときでした。

　それまで松園が描く題材は、歴史や謡曲などに関連する日常から離れた女性が多かったのですが、戦争の進行とともに、日常のなかの女性も描くようになりました。★4 男性画家はおもに戦闘場面を描きましたが、女性画家は出征兵士の留守を守る「銃後」の女性を描いたのです。

　それは江戸時代からの良妻賢母的な女性像につながります。松園の作品を女性の生き方から高く評価する人もいますが、戦争中、政府と積極的な関わりを持った松園の作品の検討が必要です。伝統的な考えになじむ松園の女性

『晩秋』（大阪市立美術館蔵）

★1　旅行中、松園は中国の女性や子どもの風俗に関心をよせている。

★2　第8章新渡戸稲造Q4、注5参照。

★3　一八八三～一九四四年。孫文の側近で、日中戦争中、国民政府内で蒋介石と対立して重慶政府を離脱、日本軍占領地に成立した親日政権の行政委員長（首相）となった。

★4　松園が描いたものは、あくまで暮らしの賛歌であり、暮らしを守ることは、命を守ることにつながり、松園は無意識のうちに反戦的なものを描いていたという人もいる。

像は、絶対的権限を持つ家父長のもとに女性をとどめる江戸時代の『女大学』に共鳴するもの、という指摘もあります。

戦争が終わって三年後の一九四八年、松園は女性で初めての文化勲章を受章しました。★5 松園の積極的な戦争協力は議論されていません。しかし、このニュースは戦後の日本に明るい希望を与え、新しい女性の時代の到来を想わせるものと歓迎されました。

★5　彼女の実績からすれば遅すぎる顕彰であり、「女だから」という壁が妨げていたともいわれる。

さらに読んでみよう

加藤類子『生涯と作品　もっと知りたい上村松園』東京美術、二〇〇七年
川北倫明・平山郁夫監修『上村松園――秘めた女の想い』学習研究社、一九九七年
池田安里『ファシズムの日本美術――大観、靫彦、松園、嗣治』青土社、二〇二〇年
上村松園『上村松園全随筆集――青眉抄・青眉抄その後』求龍堂、二〇一〇年

12

医学者

野口英世《のぐちひでよ》（1876～1928）

――「立志伝中」の人物

野口英世は福島県猪苗代《いなわしろ》の貧しい農家に生まれ、幼いときに左手に大やけどを負いました。しかしその左手の手術で医学への目を開かれ、この道を志します。そして苦学の末、アメリカのロックフェラー医学研究所を拠点として、世界各地で活動する医学者となりました。彼はノーベル賞の候補にまでなりますが、西アフリカで黄熱病の研究中に病に倒れ、亡くなりました。

Q1 野口が「修身」の教科書に取りあげられたのは、なぜですか。

A 野口英世の伝記は戦前によく読まれ、修身の教材にもなりました。第四期（一九三四年）国定教科書の巻四では、「志を立てよ」[★1]の表題でとりあげ、野口の死に対し「人々は、英世をあっぱれ人類の恩人と言って惜しまぬ者はありませんでした」とまとめています。

★1 第五期（一九四一年）の教科書の表題は「野口英世」。

その次の第五期（一九四一年）の「初等科音楽二」には、唱歌「野口英世」があり、「波じも遠いアフリカに／日本のほまれかがやかし／人の命すくおうと／じぶんは命すてた人」とうたわれています。

明治以降の日本は、欧米の帝国主義国に追いつき追い越せと、「富国強兵」の道を突きすすみました。そのためには優れた人材を育成し、社会で実力を発揮できるよう、教育制度の確立と身分制度の撤廃が必要でした。

日本の近代学校制度のはじまりとされる「学制」の発布は一八七二年です。その序文には、「学問ハ身ヲ立テルノ財本」と、学校での勉強が立身出世のもととなると明確に書かれています。★2

一八八九年には大日本帝国憲法が制定され、翌年、国民に国家・社会への献身を説く教育勅語が出されました。その教育勅語のねらいをもっとも実現する教科が「修身」でした。そこで学ぶ徳目は、国家が求める国民の生き方、考え方でした。

野口の伝記は修身の「立志・忍耐・勤勉」の徳目を学ぶための重要な教材でした。困難のなかでの忍耐と努力、高い志、成功が物語の柱です。そこでは出身階層の低さ、貧しさと身体的な障がい、アフリカで黄熱病で亡くなるという悲劇的な最期が、努力と成功をより際立たせました。

戦前は「努力して成功すること（立身出世）」が国民に期待され、それが国家の発展のもとになると考えられていました。そのため学校教育において野口の人生、とりわけその苦難の少年時代が、英雄のように偶像化、神話化

★2　福沢諭吉は『学問のすゝめ』の中で、教育の有無によって生じる格差を肯定している。

されたと考えられます。

Q2 手に大やけどをおった少年時代の話は、ほんとうですか。

A 野口英世について書かれた伝記は、児童書も含め現在も相当の数になります。しかしごく一部を除き、ほとんどが創作に近いと指摘されます。国定教科書同様に、まさに苦労と努力の末に成功した立志伝中の人物として野口を英雄視したものが大半です。

野口の家は父が生活能力に欠け、気丈な母が生活を支えていました。そんなときに母の不注意によって、幼い英世は囲炉裏《いろり》に落ちやけどをおったとされています。このことで母親は大きな負い目をおいました。障がいがある身では農業はできない、学問で身を立てさせたいと、母は息子の進学のために仕事にはげみます。貧しく夫が働かない農家の妻には、労働、家事、育児と大きな負担が一身にかかりました。

修身の教科書では、二宮金次郎が勤勉と節約の象徴的存在とされ、野口英世では逆境のなかでの忍耐と努力が強調されます。そして家族への献身や犠牲という点では、野口の母も修身が望む女性像でした。

第四期の修身の教科書には、野口について次のような記述があります。

野口英世記念館（生家）福島県〈cc by inunami〉

「英世は、うちがびんぼうでしたから、毎朝早く起きて、近所の小川や沼に行って川魚をとって来て売り、その金でふでやすみなどを買いました。又、夜、本を読みたくとも、あかりをともすことが出来ませんから、冬はろ（炉）のたき火をたよりにし、夏は学校の小使室に行って、ランプの光で本を読みました」

しかし、川魚売りのエピソードは野口本人が否定しており、のちの国定教科書にこの話はありません。創作を加えて野口の貧しさと努力が強調されていたのです。

現在の教科書も野口をとりあげています。その一つでは、手の障がいをばかにされ、野口が学校に行けなくなったとき、母が「つらいだろう。許しておくれ。でも、だからこそおまえは負けないでおくれ。学問で身を立てることができるように、観音様にいつもお願いしてきたでねえか」と言います。このことばに心を揺さぶられた野口は学校にもどり、いっそう勉学に励んだとあります。★しかし、野口が不登校だった事実はないという、地元の人の話や同級生の書いたものがあります。

★ 教育出版二〇二四年版、小学校六年。

Q3

なぜアメリカに渡って研究したのですか。

A 野口は医師開業試験★1に合格して、医師の資格をえました。そして細菌学の研究に取りくもうと、北里柴三郎★2が所長を務める伝染病研究所（現在の東京大学医科学研究所）に勤めました。しかし日本の医学界では出身大学が重視されるため、大学を出ていない野口の将来に希望はありませんでした。★3

一九〇〇年、二五歳の野口は日本での将来に見切りをつけ、アメリカに渡ります。わずかな縁のあるペンシルヴァニア大学のフレクスナー教授を頼ってのことでした。★4 野口は教授のもとで毒蛇の毒成分の研究に取りくんで評価され、実績をあげていきます。

当時のアメリカは医学の水準が低く、先端を行くドイツ医学に追いつこうと躍起になっていました。一九〇一年にはロックフェラー医学研究所が設立され、フレクスナーが所長となります。研究所の目標は、フランスの生物学・医学の研究所であるパスツール研究所のような、世界的な研究所になることでした。業績を早くあげる必要があったロックフェラー研究所は、どんな研究でも急いで発表しようとしたであろうと推察されます。

ロックフェラー研究所の研究員となり、細菌学を研究する野口が取りくん

★1　大学や専門学校で医学を学ぶ者が少なかった明治時代は、この試験に合格することで医師の開業資格が与えられた。

★2　一八五三〜一九三一年。ペスト菌の発見者で、「日本の近代医学の父」といわれる。

★3　研究所では不本意な仕事をまかされ、横浜港の検疫所に勤めることになった。

★4　一八九九年、フィリピン視察の帰りに日本に立ち寄った教授の案内を、英語ができる野口が担当した。

だのは、当時注目されていた梅毒菌《ばいどくきん》の純粋培養でした。[★5] この「成功」によって、野口の名声は世界で不動のものとなりました。そして野口は黄熱病の研究にとりかかります。

黄熱病の研究には、ロックフェラー財団[★6]が多額の資金を提供していました。所長のフレクスナーはこの資金を重視したのではないでしょうか。そして野口は、自分を支えてくれているフレクスナーの期待に応えるために、黄熱病の病原体の特定という目標に向かったのではないかともいわれます。

Q4 野口の業績は今日でも高く評価されているのですか。

A 一九一一年、代表的な性病である梅毒の病原体の純粋培養に「成功」した野口は、つづいて一九一三年、野口の最大業績といわれる梅毒の病原体の脳内確認、小児麻痺（ポリオ）の病原体の特定、狂犬病の病原体の特定を遂げたと発表します。さらに一九一八年には南米の風土病である黄熱病の病原体を特定したとも発表しました。

黄熱病は、現在ではアフリカや南米で地域的にわずかに見られる疾病です。しかし、二〇世紀にはしばしば大流行し、多くの犠牲者を出しました。南米エクアドルに出張した野口は、現地の患者の血液中から黄熱病の病原体を特

★5　当時、未知だった梅毒の病原体の純粋培養は、世界の多くの細菌学者がめざしていた。
★6　アメリカの大資本家ロックフェラーによって一九一三年に設立された民間の慈善事業団体で、現在でも世界中の大学や研究所を支援し、大きな影響力を持っている。

定したと発表し、そしてさっそく黄熱病予防の「野口ワクチン」がつくられ、接種がおこなわれました。

しかし、のちにこのワクチンの有効性に疑問が出され、野口の研究に対する不信感が高まりました。今日では、野口が特定したのは、黄熱病とよく似た症状を示すワイル病の病原体であったことが明らかにされています。

また最初の梅毒の病原体の純粋培養も、方法に問題があったとされ、この業績もまた今日ではほぼ否定されています。さらにポリオと狂犬病、黄熱病の病原体は今日ではウイルスとされ、細菌だとする野口の特定は後世の研究によって否定されました。

「志を得ざれば、再び此地を踏まず」[★1]という思いでアメリカに赴いた野口の論文発表は、ふつうでは考えられない速いペースでした。[★2]当時の顕微鏡[★3]では見えるはずのないポリオや狂犬病、黄熱病の病原体の特定の信憑性《しんぴょうせい》にも疑問符がつきます。今日、野口を「日本が誇る世界的な医学者」と評価するのは、明らかな誇張です。

Q5

野口は立身出世のお手本として教えられているのですか。

★1　「目標を達成できなければ、二度と故郷福島には帰らない」という意味。野口が福島から東京へ旅立つときに柱に刻んだという文字。

★2　野口の論文は総数二〇〇本を超え、年平均七本と多産であった。アメリカ人研究者の論文発表は、年平均で一本といわれる。

★3　可視光線を利用する光学顕微鏡は、細菌の発見までは有効だったが、細菌より小さい病原体であるウイルスの発見は、電子顕微鏡によって可能となった。

母シカと野口

A 道徳の教科書で、野口は「よりよく生きる喜び」の項目の教材とされています。[★1] 物語は高い志を持つ息子と、それを支える意志の強い母の関係を中心に描かれます。しかし、母の献身が強調されすぎてはいないでしょうか。

野口は逆境を跳ねかえし、忍耐と努力を積みかさねました。彼を支え、指導した恩人たちもいました。しかし彼には経済的な観念がなく、借金と浪費、また渡航資金のために結婚詐欺《さぎ》まがいのことをしたことも知られています。

立身出世、すなわちつねに他者と競争し、勝ちつづけて成功するには、どうしても無理をしなければなりません。その反動が私生活や家庭にあらわれたり、不正や誤りをしてしまうこともあります。この立身出世主義は、今日でいうなら「とにかく結果を出せ」とする業績偏重主義に重なります。野口の事績には、この弊害があらわれたのではないでしょうか。

さらに、熾烈《しれつ》な競争社会であるアメリカで研究したことが、彼にはより不運だったかもしれません。[★2] 野口はアフリカで亡くなりましたが、アフリカ行きの理由として、学問的に行きづまり、自分の業績に疑問をいだいていたという指摘もあります。[★3]

彼の業績のすべてが誤りだったわけではありません。しかし逆境から苦労して成功し、かつ悲劇的な最期を遂げた人は、とかく肯定的な面だけが取りあげられ、過大に賞賛されがちなので、注意が必要です。

★1 教育出版二〇二〇年版では、項目は「家族愛、家庭生活の充実」で「家族の幸せのために」がテーマだった。

★2 アメリカの学会は競争社会の典型といわれ、野口自身、訪米した知人に研究所からの圧力を痛感していることを述べている。

★3 当時から野口の研究に批判はあったが、彼は自分には黄熱病の免疫があると確信して、意欲的に研究に取りくんでいたともいわれる。

さらに読んでみよう

渡辺淳一『遠き落日』角川書店、一九七九年

W・ブロード、N・ウェイド著／牧野賢治訳『背信の科学者たち――論文捏造、データ改ざんはなぜ繰り返されるのか』講談社、二〇〇六年

小桧山六郎『素顔の野口英世――医に生きたふくしま人』歴史春秋社、二〇〇五年

〈cc by Los Angeles Times〉

13

障がい者

ヘレン・ケラー（1880〜1968）

——自由と平等を求めた社会活動家

日本でのヘレン・ケラー像は、少女期の障がいの克服にのみ焦点があてられがちです。しかし成人したヘレンは、熱心な社会活動家の一人でした。日記にはイタリアやナチスドイツのファシズム、スペインのフランコの反乱への批判や、スターリンや蔣介石の政治への疑問、アメリカ人に退位させられたハワイのリリウオカラニ女王への想いなどが綴《つづ》られています。

Q1 「三重苦」といわれるヘレン・ケラーの障がいは、どのようなものでしたか。

A ヘレン・ケラーは一八八〇年、アメリカ合衆国南部アラバマ州の小さな町タスカンビアの中流家庭に生まれました。[★1] 南北戦争の記憶はまだ生々しく、黒人への差別も根強く残っていました。

ヘレンは一歳半のときに熱病によって視力と聴力を失い、ことばを知らな

★1　第3章を参照。

いため話すこともできずに育ちました。目、耳、発話に障がいをおい、触覚と嗅覚、味覚と身振りだけが残りました。ヘレンは甘やかされて育ち、手づかみでものを食べ、入浴も嫌い、気持ちを伝えられずに怒っては暴れる、まるで小さな獣のようでした。

両親は聴覚障がい者教育の専門家グラハム・ベル[★2]博士に相談し、家庭教師としてアン・サリヴァン[★3]を紹介されました。アンはヘレンに指文字[★4]や編み物、マナーをきびしく指導しました。しかし、それはすぐに癇癪《かんしゃく》を起こすヘレンとアンの、生傷だらけの根比べでした。

アンの到着から一か月後のある日、庭の井戸の手押しポンプから流れ出す水がヘレンの手にかかったとき、アンがもう片方の手のひらに指文字でw-a-t-e-r と綴ると、ついにヘレンはその何かは「water（水）」というものなのだ、すべてのものには名前があると気づきます。一八八七年、ヘレンが七歳のときでした。

ヘレンはたちまち多くのものの名前を覚え、指話《しわ》[★5]のほかに点字、さらにcat、cold などとアルファベットでも書けるようになりました。二人は有名になり、翌年、大統領とも面会します。ヘレンはアンの母校であるボストン郊外のパーキンス盲学校に一〇歳で進学し、苦労の末ラドクリフ・カレッジ[★6]に入学、一九〇四年に優等で卒業しました。アンはつねにヘレンに付きそい、講義中は隣で指話を使って内容を伝え、あとでそれを点字になおし、必要な書籍は点訳しました。アン自身の弱い視力を酷使しての献身でした。

★2　電話の発明者として有名。
★3　一八六六〜一九三六年。次ページ参照。
★4　中世スペインの修道士が、沈黙の戒律のもとで考案したとされる。

ヘレンは左手の親指を喉、人指し指を唇、中指を鼻腔に当てて、相手のことばを「聞いた」

★5　指文字を使い意思を伝える方法。
★6　ハーバード大学の女子部。

Q2

「奇跡の人」とは誰のことですか。

A

『奇跡の人』とは一九五九年に上演されたウィリアム・ギブスンの戯《ぎ》曲《きょく》のタイトルです。ヘレンの手がポンプの水に触れ、「ウ、ウ、ウォーター」と発語する場面を最後のクライマックスとするこの演劇は、トニー賞★1を受賞、映画（一九六二年）も大ヒットしました。日本でも繰りかえし上演され、そのたびにヘレン役、アン役は誰かと注目されます。熱い思いをもった若い先生とセリフのない盲聾唖《もうろうあ》の少女、女性どうしの取っ組みあい、生まれて初めての発語など、若い女優にとっては難しくも挑戦したい役です。しかし、七歳のヘレンはこのときまだ発語できませんでした。劇的なクライマックスは、たくみな創作です。

戯曲の原題は"The Miracle Worker"。「奇跡を起こした人」という意味で、ヘレンではなくアン・サリヴァンを賞賛することばです。アンはマサチューセッツ州の貧しいアイルランド移民の子でした。母を亡くし父は大酒飲みであったため、弟と救貧院に入れられました。救貧院とは病人や薬物中毒者、軽犯罪者、浮浪者や孤児などが収容されて死んでいく、誰もが行くのを嫌がる地獄のような施設です。重い眼病を患ったアンは視察に来た人に懇願し、救い出されてボストンのパーキンス盲学校に入学。何回もの手術で不安定な

★1　ニューヨーク・ブロードウェイで上演された演劇およびミュージカルに関する賞で、アメリカの演劇界でもっとも権威があるとされる。

少女時代のヘレンとアン

がら視力を回復し、最優秀の成績で卒業した二〇歳のとき、ヘレンの家庭教師になりました。ヘレンと同じ三重苦を克服したローラ・ブリッジマン[★2]との交流が、助けになると推薦されたのです。

月給二五ドル、部屋と食事つきの家庭教師は、よい就職口でした。しかし北部出身のアンは、ケラー家が奴隷を所有する綿花農園だったことに抵抗がありました。また南部には北部への反感が根強く残り、ヘレンの両親[★3]も北部の若い娘に教えられるのは恥だという感覚があり、意見をストレートに主張する頑固なアンとのあいだに対立も生まれました。それを感謝と信頼に変えたのが、ヘレンの急速な変化でした。サリヴァンは視力の喪失や病気に苦しみながら、生涯ヘレンのパートナーでありつづけました[★4]。

Q3 ヘレン・ケラーが政治活動をしたというのは、ほんとうですか。

A 大学卒業後の一九〇六年、ヘレンはマサチューセッツ州が創設した盲人教育委員会の委員になりました。当時アメリカでは、障がい者は周囲の憐《あわ》れみにすがって生きる者ではない、自立を支援しようという新しい考えが生まれていました。ヘレンは、まさに自立の道を歩もうとする障がい者として、委員会で喜んで活動します。

★2　一八二九～八九年。パーキンス盲学校で点字と指文字を学び、広い分野の教育を受けた。アン在学時は五〇代で、アンはローラから指文字を学んだ。

★3　ヘレンの父は元南軍将校。

★4　ヘレンはアンと出会った一八八七年三月三日を、「私の魂の誕生日」と呼んでいる。

たとえば当時、視覚障がいになる原因の四割以上は、性病による新生児眼炎でした。点眼薬ですぐ回復できますが、親は自分の性病を知られることを恐れて放置し、子どもを失明させました。性病ということばさえ、人前では使えない時代です。しかしヘレンはこの病気を各所で取りあげ、「私は言わなければならない（I Must Speak）」という論説を書いて、改善に導きました。

ヘレンは毎日、新聞や雑誌の時事問題を読んでもらい、意見を交換しました。そして、障がいは個人的な問題ではなく、原因の多くは無知や栄養不良、不衛生、教育や治療をうけられないことだと考えるようになりました。貧困と社会的不平等、富の不平等な分配、資本主義が課題だとつかんだのです。

一九〇九年にはアメリカ社会党[★1]に入党し、女性参政権要求のデモ行進に参加。部屋に大きな赤旗[★2]をかかげたり、点字版のドイツ労働者新聞を送ってもらったりしました[★3]。死刑廃止や児童労働の禁止、マーガレット・サンガーの産児制限運動[★4]や公民権運動にも参加しました。

女性の心とからだを守るために避妊を口にしたり、黒人の人権を求めたり、保守的な南部の家族や知人はどんなに驚いたことでしょう。しかし「援助を必要とする障がい者は他を批判してはいけない」と下を向いているのではなく、女性や障がい者、弱者や少数派、差別される人々の自立を求め、自由と平等を訴えたのです。ＦＢＩ（連邦捜査局）は有名人のヘレンを要注意人物として調査していたともいわれます。

第一次世界大戦では反戦を訴え、第二次世界大戦ではユダヤ人と障がい者

★1　一九〇一年に結成されたアメリカの社会主義政党。ヘレンの著作『我が生涯』の編集者でアンの夫となったジョン・メイシーも同年先に入党した。
★2　共産党や労働運動への支持を示す。
★3　ヘレンはドイツ語も得意だった。
★4　女性の心身の重い負担や貧困を防ぐため、妊娠・出産をコントロールしようという運動。

に対するナチスの残忍さを恐れ、ファシズムを批判しました。傷病兵の慰問も精力的におこない、戦後は南アフリカ共和国のアパルトヘイト政策批判など、グローバルで多様な社会的活動こそヘレンの生涯でした。

Q4 ヘレン・ケラーは日本にも来たのですか。

A ヘレン・ケラーの最初の来日は、一九三七年です[★1]。それはアンの死の翌年で、日本ライトハウスの創業者でヘレンの著作の翻訳者でもある、岩橋武夫[★2]の求めによるものでした。

ヘレンは秘書のポリー・トムソンとともにサンフランシスコで乗船、横浜までの二週間のあいだは、聞きづらい自分の発声を気にして、何度もスピーチを練習しました。また当時大評判の長編小説『風と共に去りぬ』を読み、子ども時代を過ごした南部を懐かしむと同時に、主人公スカーレットやレット・バトラーへの嫌悪感も日記に記しています。

日本では前年に二・二六事件[★3]が起き、軍部の力が急速に強まっていました。政府は社会運動家でもあるヘレンを強く警戒し、滞在中は日本の軍国主義を批判しないよう申し入れ、本人は確約していました。フランクリン・D・ローズヴェルト大統領[★4]も、使命は両国の親善友好だとヘレンに伝えています。

★1　戦後の一九四八年、五五年と計三回来日した。

★2　一八九八～一九五四年。大学時代に網膜剝離のために失明、盲学校、大学で教鞭をとる。日本盲人会連合を組織し、盲人環境の向上に寄与した。

★3　陸軍の青年将校たちが政権奪取を試み、鎮圧された事件。

★4　大統領はポリオによる下半身麻痺のため、車椅子を使う障がい者だった。このことは国民には伏せられていたが、ヘレンは以前から親交があった。

四月、日本政府は彼女を国賓待遇で迎え、天皇とも握手をしました。七月までの三か月間、ヘレンはポリー、岩橋武夫とともに札幌から長崎まで旅し、途中で琵琶湖や阿蘇山、奈良の大仏など各地を訪れました。予定外のものも入れると計一一七回の講演をおこなったそうです[★5]。

新聞は、来日前から「三重苦の聖女」「生ける奇跡」と連日報道しました。しかし七月七日、北京郊外で盧溝橋事件が起き、日中全面戦争がはじまりました。九日、一行は日本の植民地であった朝鮮、「満州」、台湾へ出発します。灯火管制[★6]のもと列車には兵士が同乗し、「万歳、万歳」と見送る人々の声を聞きました。

ヘレンは戦争で目や耳、手足が不自由になる人々がいることを思い、戦争が起きないことを望んでいました。八月一二日、新聞はヘレンの帰米を短く伝えています。開戦で後半の日程は短縮され、歓迎の華やかさが嘘のような静かな帰国でした。

★5　講演ではヘレンがポリーに口話法で話し、ポリーのことばはヘレンがポリーの喉、口、鼻腔に指をあてて聴いた。そしてポリーの英語を岩橋武夫が訳した。

★6　夜間敵の空襲から身を守るため、灯りがもれないように電灯を覆ったり、消灯するように制限こと。

Q5 ヘレン・ケラーとアン・サリヴァンがめざしたことは何ですか。

A ある小学校道徳教科書[★1]は、ヘレン・ケラーを次のように書いています。「(しょう害があるから自分は不幸だ。)と、ヘレンは考えませんでし

★1　学研二〇二四年版、小学四年。

た。不幸であるか、幸福であるかは、しょう害とは関係なく、その人の考え方や生き方によるというのです」「しょう害があっても、多くの人が生き生きと、幸せな毎日をすごしていることを分かってほしいと、ヘレンはうったえています。」

しかしヘレンが訴えたことは、障がいは個人的な問題ではない、社会が解決しなければならない問題だということでした。かつて障がい者は気味悪がられ、ばかにされ、いじめられ、知能が低い、生きる価値がないと差別されました。いまでも障がい者への虐待や殺害事件が起き、人格を否定したり、病気を業病《ごうびょう》★2だと公言する人もいます。当時、働けずに収入のない彼らは、家族の世話になるか、施しを受けるか、あるいは障がいを見世物にしてわずかな金を稼ぐしかありませんでした。

ヘレンとサリヴァンには著作の印税や講演料がありましたが、定期的な収入ではなく、長い講演旅行はとても疲れるものでした。ヘレンは映画に主演したり、四〇歳から四年ほどは二人でショーに出演し、一五分ほどのスピーチをして稼ぎました。ダンスやアクロバット、漫談やアザラシの曲芸などと一緒のショーです。好奇心いっぱいの観客は、機知とユーモアに富むスピーチを楽しみ、感動で心を満たしました。障がい者が「ふつう」の人と変わらないことこそ、二人が伝えたいことでした。

二人はマーク・トウェインやチャップリン、カーネギーなどの著名人や資産家の援助を受けました。しかし実家の経済は苦しく、生活費をどう稼ぐか

★2 前世に悪いことをしたためにかかると考えられた、重い病気。

ヘレンの肖像写真と自筆の署名（社会福祉法人東京ヘレン・ケラー協会提供）

は長いあいだの悩みでした。ようやく定期的な収入を得たのは、一九二四年にアメリカ盲人援護協会（ＡＦＢ）の募金活動の仕事についてからです。障がい者の教育、経済的な自立、人間らしく生きる権利の保障、人権、慈善ではなくチャンスこそ、二人が求めたものでした。

さらに読んでみよう

キム・E・ニールセン著／中野善達訳『ヘレン・ケラーの急進的な生活――「奇跡の人」神話と社会主義運動』明石書店、二〇〇五年

フィオナ・マクドナルド著／菊島伊久栄訳『ヘレン・ケラー――目・耳・口が不自由という障害を乗りこえ、人々に愛と希望を与えつづけた運動家』偕成社、一九九四年

筑摩書房編集部『ヘレン・ケラー――行動する障害者、その波乱の人生』筑摩書房、二〇一四年

山崎邦夫『年譜で読むヘレン・ケラー――ひとりのアメリカ女性の生涯』明石書店、二〇一一年

日本ライトハウス「ヘレン・ケラーと日本ライトハウス」http://www.lighthouse.or.jp/helen keller.html

14

技術者 八田與一《はったよいち》（1886〜1942）

――台湾の開発に関わった日本人技術者

みなさんは八田與一という人を知っていますか。出身地の石川県では「郷土の偉人」の一人とされ、台湾でもよく知られる日本人のようです。最近では「台湾に恩恵をもたらした人」として紹介する道徳や歴史の教科書★1もあります。台湾はかつて日本の植民地でしたが、なぜ八田は有名になったのでしょうか。

★1　日本教科書二〇一九年版、中学道徳一年では「大地――八田與一の夢」というテーマで大きくとりあげられている。育鵬社・帝国書院二〇二〇年版の中学歴史教科書にもある。

Q1 日本は台湾をどのように支配したのですか。

A 日清戦争後の一八九五年四月、下関条約によって清は台湾を日本に割譲しました。清から切り捨てられた台湾の人々は、日本の植民地になることを拒み、「台湾民主国」★2を樹立します。五月、樺山資紀《かばやますけのり》★3海軍大将率いる日本軍が台湾に上陸、大きな戦闘もなく基隆《キールン》や台北《タイペイ》を占領し、北部を制圧し

★2　一八九五年五月、日本の台湾領有に反対する人々が独立を宣言した。清の官僚である唐景崧《とうけいすう》を総統に選出し、国旗、行政立法機関などを定め、国家の体裁を整えた。

★3　一八三七〜一九二二年。薩摩藩士の家に生まれ、海軍軍人となり、のちには内務大臣や文部大臣も務める。

ました。
　しかし中部や南部では島民のはげしいゲリラ戦がつづき、日本軍は赤痢《せきり》やマラリアにも苦しめられます。そして一〇月、日本軍の台南《タイナン》占領によって台湾民主国は倒されました。★3
　こうして台湾は植民地とされ、統治のために強大な権限を持つ台湾総督府が置かれました。初代総督には樺山が任命され、歴代総督の多くが軍出身者でした。しかし、各地でゲリラの抵抗運動がつづき、総督府は幾度も大規模な掃討作戦をおこないました。★4 一九三〇年に中部山岳地帯で起きた霧社《むしゃ》事件★5は、先住民が起こした抗日蜂起です。
　総督府は土地の所有権を確定し、台湾銀行の創設、鉄道建設などをすすめ、利益の上がるアヘンや塩の専売もおこないました。総督府が力をいれた製糖業には、三井など大資本が進出しています。植民地の支配と経営のために、総督府はインフラの整備を必要としました。

Q2 八田が注目されるようになったのは、いつごろからですか。

A 八田與一は台湾総督府の土木技師で、嘉南大圳《かなんたいしゅう》★1と呼ばれる給排水路と、その水源となる烏山頭《うさんとう》ダムの建設をおこないました。そのため、

★3　日本軍は七万以上の兵力を投入し、多くの犠牲者を出した。犠牲者の八割以上が戦病死だった。台湾側の犠牲者は軍民合わせて一万四〇〇〇人以上といわれている。
★4　一八九八年から一九〇二年までのあいだに「叛徒《はんと》」一万九五〇人が処刑・殺害されたと報告されている。「叛徒」は抗日ゲリラをさす。
★5　日本の植民地支配下での開発により、生活を圧迫された台湾の先住民セデック族が近隣の日本人一三四人を殺害、山中にこもり抵抗したが、日本軍が出動して鎮圧された。

台湾民主国国旗（再現図）〈cc by Jeff Dafl〉

不毛の地を「台湾最大の穀倉地帯」に生まれ変わらせ、嘉南の人々に恩恵を与えたとされています。

しかし、彼が日本で知られるようになったのは一九八〇年代末のことで、★2その後、作家の司馬遼太郎★3や台湾総統の李登輝《りとうき》★4などによって広まりました。なかでも司馬は八田について、政治色が薄く、植民地支配とはむすびつかない、台湾に恩恵をもたらした人物、というイメージを印象づけました。★5

台湾出身の李登輝が総統になった一九八八年以降、台湾の政治は蔣介石★6の国民党政権時代から大きく変わり、中国に対し台湾の独自性を主張する動きが生まれました。日本の植民地統治についても否定的な評価は減り、インフラ整備などの近代化が賛美されるようになりました。そして、日本による統治は、中国と異なる台湾の独自性のひとつで、その支配は良心的なものだったという考えがあらわれました。水利開発で近代化をすすめた八田は、日台親善のシンボルとして再評価されるようになります。

Q3 台湾の教科書になぜ八田がとりあげられているのですか。

A 戦後台湾の総統は外省人《がいしょうじん》★1で、国民の自由を制限する強権的な政治がつづきました。しかし一九八八年、李登輝が本省人《ほんしょうじん》★2として初の総統

★1 「圳」とは農業用水の水路のことで、規模が大きいことから「大圳」と呼び、日本がおこなった水利事業全体をさしている。

★2 台湾の日本人学校で教員をしていた古川勝三が、一九八九年、著書『台湾を愛した日本人』で八田を紹介した。

★3 一九二三～九六年。小説家・評論家として多くの時代小説を著し、九三年に『街道をゆく』で台湾を取りあげている。

★4 一九二三～二〇二〇年。台湾の国民党の政治家。八八年に台湾出身で初めて総統となり民主化を推進、しだいに台湾独立への指向を強めた。

★5 明治を肯定的にとらえ、昭和を否定的にみる司馬は、八田を明治の精神を受け継ぐ技術者としてとらえている。

★6 一八八七～一九七五年。一九四九年に中華人民共和国が建国されると蔣介石は台湾に逃れ、以後台湾で一党独裁政権を維持し、中国大陸への復帰をめざして「大陸反攻」をスローガンに掲げた。

★1 一般には一九四五年八月の日本敗戦以降に中国大陸から台湾に移住した人々およびその子孫をさす。とりわけ外省人の第一世代の多くは、国共内戦に敗れ台湾に逃れてきた国民党・蔣介石ら国民政府系の人々である。

★2 一般には第二次世界大戦以前に台湾に居住していた人々およびその子孫をさす。

になり、民主化がすすみます。人々のあいだにも、台湾人としての誇りと「台湾意識」が高まりました。

台湾の中学一年生全員が使う国定教科書『認識台湾　歴史篇』は、この流れのなかで生まれた、台湾最初の「台湾史」の教科書です。★3 台湾人の自ら歴史をつくってきた主体性が強調され、台湾人アイデンティティの形成がめざされました。

植民地時代の近代化も、台湾人がすすんで受け入れたものとされ、日本統治時代がくわしく取りあげられます。そのなかで第四代台湾総督の児玉源太郎と、嘉南の工事をすすめた八田與一の二人の名前があげられました。

台湾の歴史のなかで、日本の植民地支配を客観的に振りかえることは、きわめて重要です。しかし、台湾自身がそれを肯定的にとらえることには、別の問題があります。それは台湾にとっては日本の支持・支援を確保し、独立論へつなげ、中国政府を牽制《けんせい》するという思惑《おもわく》がありうるからです。

一方、日本側には、これを植民地支配がよいものであったことを示す証拠のようにうけとり、政治的に利用する勢力もあります。日本統治時代、台湾人は「日本人」とされながら、政治参加や法律の適用などの面で明らかに差別を受けていました。産業や経済面にも大きな問題があります。そのような歴史のもとで、日本と台湾が共有できる美談は成り立つのでしょうか。★4 安易な植民地支配肯定論は当然批判を生みますが、日本で流布される台湾の日本統治時代への評価は、まさに植民地支配肯定論の流れのなかにあります。

★3　それまでは台湾の歴史ではなく、中国大陸の歴史を学んでいた。

台湾の教科書『認識台湾』

★4　当然、植民地下で日本の影響や恩恵を受けていない人もおり、表に出ていない民衆の植民地支配の否定的な体験や記憶は無視できない。

Q4

嘉南の水利工事は何のためにおこなわれたのですか。

A

嘉南大圳の事業の背景には、日本国内の米不足の問題がありました。日本では一九一八年に富山県で米騒動[★1]が起き、それが全国各地に広がりました。このため、その直後から植民地で米を増産する政策がとられ、一九二〇年から嘉南の工事がはじまりました。台湾は日本の重要な食料の供給地でもありました。

台湾総督府はまず、嘉南大圳組合を組織しました。これは半官半民の組織ですが、主導権は総督府が持ち、経済的な負担は地主や小作人、製糖会社に負わせました。そして最初の年に稲、次にサトウキビ、三年目にその他の作物、と順番に耕作する「三年輪作」[★2]が導入されました。これは栽培に必要な水を節約することができる方法でした。

三年輪作による給水の制限、地域の灌漑《かんがい》管理制度は、サトウキビを安く確保したい製糖会社には有利となり、米価に比べ安いサトウキビの栽培を強制された農民には、不満が生じました。総督府は国際競争力の弱い台湾の製糖業を育てるために、台湾製糖[★3]など財閥系製糖会社を保護したのです。

こうした総督府の政策は、土地買収の補償金額の問題なども含め農民の反発を招きます。地主会や農民組合が結成され、台湾民族運動とも連動して三

★1 第一次世界大戦のころ、日本の米の生産量は伸び悩んでいた。米価が上昇するなか、一九一八年八月、寺内正毅内閣がシベリア出兵を宣言すると、米の買い占めや売り惜しみが横行するようになった。それを受けて富山県からはじまった米騒動は全国に拡大した。

★2 八田が提唱して農民に強制された。これによって農業生産量は増加したが、台湾の伝統的な農業方法とは異なっていた。

★3 三井財閥を中心に一九〇〇年に設立され、台湾総督府が巨額の補助金を出した。

年輪作の反対運動が組織され、拡大し、小作料不払い運動も起こりました。
嘉南大圳の建設のさなか、植民地経済を研究した矢内原忠雄★4は、この事業が糖業資本の保護とその利益に適合したもので、農民を搾取するものだと指摘しています。

Q5 八田は日本と台湾の友好をめざしたのですか。

A 総督府の土木技師・八田與一の物語は、大規模な灌漑事業によって不毛の大地を肥沃《ひよく》にした美談として伝えられます。しかし、嘉南大圳の事業は国家プロジェクトであり、彼はその一員として務めたにすぎません。

八田の「美談」は出世主義をきらい、仕事一途に生きた技術者の姿を強調します。台湾の日本語世代★1も、この点において八田を日本精神のシンボルとして評価しました。それは戦後の台湾政府への失望と外省人への反発★2から派生した、日本統治の賞賛でした。

このような文脈のもとで、台湾人に分けへだてなく接し、没後も台湾の人々に慕われた八田は、民族を超えた真の国際人で、日本精神を体現した人として讃えられます。

しかし「植民地を支配する宗主国」と「支配される植民地」という不平等

★4 第8章新渡戸稲造のQ1の注7参照。

★1 日本統治時代に教育を受けた世代で、その大きな影響を受けているとされる。

★2 一九八〇年代からの民主化以前、台湾の政府・支配層は外省人がほとんどだった。本省人や先住民は冷遇され、不満を募らせた。

な関係のなかで、単純に八田を「友好の人」や「国際人」として手放しで称賛することはできないでしょう。八田が個人的には差別を認めなかったとしても、あくまで彼は植民地を支配する総督府の役人でした。技師として植民地支配を開発面で支えた人物です。

一九四二年、アジア太平洋戦争のさなか、五六歳の八田は陸軍省から「南方開発派遣要員」に任命され、フィリピンへ向かいました。日本軍が占領したフィリピンで、灌漑調査をするためです。しかし船はアメリカの潜水艦の攻撃を受け、彼は途上で亡くなりました。八田は、日本と台湾の友好を第一と考えて人生をささげたといえるのでしょうか。

花園小学校・八田の胸像（金沢ふるさと偉人館提供）

さらに読んでみよう

檜山幸夫『台湾植民地史の研究』ゆまに書房、二〇一五年
胎中千鶴『植民地台湾を語るということ――八田與一の「物語」を読み解く』風響社、二〇〇七年

15

外交官

杉原《すぎはら》千畝《ちうね》（1900～1986）

——政府方針に反した行動を支えた国際的視野

かつて杉原千畝を知っている人は、あまりいませんでした。いまは、小・中学校の道徳教科書や歴史教科書の多くが、杉原を教材として取りあげています。杉原はリトアニア駐在の外交官で、第二次世界大戦中の一九四〇年、ナチスの迫害から外国に逃れようとするユダヤ人などの難民に、日本通過を許可するビザ[★1]を発給して、多くの人を救いました。

Q1 杉原についての教科書の記述が変えられたのですか。

A 二〇一五年に「道徳」は正式な教科となり、教科書がつくられました。教科書は副読本とちがい、文部科学省の検定に合格しなければなりません。その最初の検定で、小・中を問わず数社の杉原千畝を扱った教材に、検定意見がつけられました。「生徒が誤解する表現である（当時の日本の外交

★1　政府が外国人に対して発行する、入国を許可する書類。

政策)」というのです。意見表記はこれだけで、くわしい説明はありません。文部科学省は、記述の何に問題があるというのでしょうか。

検定意見を受けて、ある中学教科書は、杉原の発言「日本はドイツと防共協定を結んでいる国です。そのために、あなた方ユダヤ人にビザを出すのは難しい立場にあります」を、「私は数人分のビザなら発行することができますが、これほど大勢の人たちにお出しするのは難しい立場にあります」と修正し、合格しました。ビザを発行できない理由として、日本の外交政策があることを削除し、理由を人数に書き換えています。小学校の教科書でも、日本がドイツやイタリアと同盟をむすんでいた記述が除かれました。★2

それでも、日本とドイツの関係や、防共協定の記述が載っている教科書もあります。それは、本文の外に資料として載っている杉原幸子(千畝の妻)の手記です。なんとも中途半端な教科書検定です。

なぜ文部科学省は、日本とドイツの防共協定の記述を削除したいのでしょうか。道徳が目標として掲げる項目「国際理解・国際貢献」を学ぶには、当時の国際関係の理解は必須です。ユダヤ人を迫害していたナチ・ドイツと日本が、親しい関係にあったことを隠したいのでしょうか。

杉原はビザの発行を認めない外務省の通達に悩み、最終的に自分の決断で大量のビザを発行しました。にもかかわらず、杉原の行為は、当時の日本政府のユダヤ人政策にそったものだという主張もあります。しかし、それは杉原の功績を日本の功績にすりかえ、ユダヤ人を迫害するドイツと手をむすび

日独防共協定の調印(一九三六年)

★2　二〇二四年版の小学校道徳教科書にも、日独関係の記述はみられない。

ビザの発給を禁じた日本政府の責任を隠すことになります。

Q2 日本政府はユダヤ人の難民にどのように対処しようとしたのですか。

A 一九三三年、ドイツにナチスのヒトラー政権が誕生すると、ユダヤ人に対する排斥とさまざまな迫害が強まりました。[★1] 日本はソ連に対抗するため、一九三六年にドイツと日独防共協定をむすび、翌年にはイタリアも参加して日独伊防共協定をむすびます。

一九三八年、日本政府は「ユダヤ人対策要綱」を定め、ドイツのユダヤ人排斥に同調せず、公正な取り扱いをすると決めます。ユダヤ人に対しても、外国人入国取締規則の範囲内において、他国人と同様に公正に取りあつかうというのです。外務省が認める通過ビザの発給条件は、行き先国の入国許可があり、旅費や滞在費などがあることでした。

一九三九年九月、ドイツ軍がポーランドに侵攻[★2]し第二次世界大戦がはじまると、ポーランドから多くの難民が国境を越え、隣国リトアニアに押しよせました。ポーランド人の多くはカトリックですが、国民の約一割にあたる三〇〇万人はユダヤ人でした。

一九四〇年七月、杉原が領事代理を務める日本領事館に、ユダヤ人難民が

★1 当時ドイツにいたユダヤ人は約五〇万人で、人口の一パーセントにも満たない。三五年には反ユダヤ主義を法制化したニュルンベルク法が制定され、国外に脱出するユダヤ人が増加したが、財産の持ち出しは制限された。

第二次世界大戦前のリトアニアと周辺国

殺到しました。日本を経由して第三国へ逃れるために、日本を通過するビザがほしいというのです。

杉原の問い合わせに対し、外務省は規定に従い、条件に適した者のみにビザを与えるよう指示します。間近にせまった日独伊三国軍事同盟の調印を前に、日本政府はドイツに気を遣い、入国は厳重な審査にもとづいて許可するようにとの通達でした。

杉原は発行許可を求めて、二回外務省に電報を打ちました。そして悩んだ末に、通達を無視して日本通過ビザの発行を決断しました。★3

Q3

ナチスの時代にユダヤ人を助けた人はほかにもいますか。

A 当時ユダヤ人を助ける方法はさまざまあり、多くの人が助けました。オランダのアムステルダムでアンネ・フランク一家を隠し部屋にかくまったミープ・ヒースらは有名ですが、彼女は「私たちのようなオランダ人はたくさんいました」と語っています。

またドイツ人のオスカー・シンドラーは、スティーヴン・スピルバーグ監督の映画『シンドラーのリスト』(一九九三年)で有名になりました。彼は実業家でナチ党員でしたが、強制収容所にいたユダヤ人を自分が経営する工場

★2　ポーランド東部には、八月にむすばれた独ソ不可侵条約の秘密議定書によってソ連軍が侵攻した。

★3　杉原の事例は自分の信念が所属集団、あるいは国家の方針・命令と異なったとき、どのように考え行動するのかを考えるための適切な教材といえる。

で工員として雇い、労働力の確保という名目で一〇〇〇人以上の命を救いました[★1]。ロマン・ポランスキー監督は、映画『戦場のピアニスト』（二〇〇二年）で、ポーランドの首都ワルシャワで生きながらえたユダヤ人ピアニストを主人公に、ポーランド市民の支援や裏切りを描きました。

またスウェーデンには、大戦末期ハンガリーで迫害されていたユダヤ人を救出した、外交官のワレンバーグがいます。

杉原は「日本のシンドラー」ともいわれますが、「イギリスのシンドラー」と呼ばれるのはニコラス・ウィントンです。彼は株の仲買人でしたが、開戦直前のナチ占領下のチェコスロヴァキアから、六六九人のユダヤ人の子どもたちを救出してイギリスに脱出させました[★2]。またこれとは別に、イギリスでは「キンダートランスポート」という運動が起こり、約一万人の一七歳までのユダヤ人の子どもたちが、ドイツ、オーストリアなどからホスト・ファミリーに迎え入れられました[★3]。無名の多くの市民たちが里親になり、ユダヤ人を助けたのです。

Q4

杉原以外にもビザと関係がある人がいるのですか。

ニコラス・ウィントン〈cc by Li-sung〉

★1　戦後、シンドラーは一九七四年にイスラエルから「諸国民の中の正義の人」の称号を授与された。

★2　彼の業績が明らかになったのは、戦後だいぶ経過した一九八〇年代のこと。二〇一一年には彼の足跡と人生を追ったドキュメンタリー映画『ニコラス・ウィントンと669人の子どもたち』がつくられた。

★3　両親が強制収容所で殺され、自身は現在もイギリスに住んでいる人もいる。しかし、第二次世界大戦がはじまると「敵性外国人」としてオーストラリアに送られる運命をたどった人もいる。

A

杉原が発行した通過ビザについては、彼一人を英雄的に取りあげるのではなく、周辺の人々も見ていく必要があります。

通過ビザには、所持者の最終的な目的地を書く必要がありましたが、難民には行く先のあてなどありません。リトアニアのオランダ領事ヤン・ズワルテンダイクは、当時南米のオランダ領であったキュラソー島を偽りの目的地とするビザを発行しました。★1

また、ソ連★2のウラジオストクの日本領事館の副領事・根井三郎★3は、日本の通過ビザを求める難民の増加と、通過ビザの発給を認めない日本政府とのあいだで葛藤し、杉原と同様に、難民への人道的配慮から渡航証明や通過ビザを発行しました。

杉原の発行したビザを持った難民は、一九四〇年八月よりウラジヴォストクから日本の敦賀《つるが》に到着するようになりました。この輸送にはジャパン・ツーリスト・ビューロー（現在の旅行会社ＪＴＢ）が関わり、敦賀に事務所を設け、船中に添乗員を派遣しました。★4

難民到着のピークは一九四一年の二月から三月といわれます。上陸後の難民についての資料は乏しいですが、近年の敦賀市民への聞きとり調査によって、宿泊した旅館や病気治療をした医師が判明したり、難民に銭湯が無料開放されたことなどが確認されています。

日本に一時滞在したユダヤ人難民は、神戸ユダヤ人協会から衣食住や資金の提供をうけました。★5 敦賀や神戸における日本人のやさしさや親切にふれた

★1 難民の身分証明書には目的地であるキュラソーのビザ（正式のものではない）があり、杉原はこれを受理して日本通過ビザを発給した。

★2 当時、ソ連では国内での国民の移動は制限されていたが、難民がシベリア鉄道を使ってウラジオストクへ行くことは認めていた。難民からの外貨獲得と、国内に流れ込んでいた難民問題の解決がねらいだったといわれる。

★3 彼は満州のハルビンで杉原と同時期に勤務していた。

★4 ビューローはアメリカのユダヤ人組織から、ユダヤ人難民への支援金を受けとっていた。

★5 協会は、米英人が引き揚げたために空き家になっていた洋館を借り受けて提供した。

ことをのちに証言したユダヤ人難民もいます。★6

Q5 外務省の指示を無視した杉原はどうなりましたか。

A 一九四七年に帰国した杉原は、外務省から退職をせまられます。理由はGHQの指示による職員の人員整理（三分の一を解雇）のためとされ、形式上は「依願退職」でした。独断でビザを発行したことは、公にはされませんでした。杉原は外務省を去り、その後さまざまな仕事につきました。

一九八五年、イスラエル政府が杉原に「諸国民の中の正義の人」という称号を授与することになりました。これは、大量虐殺からユダヤ人を救った非ユダヤ人を顕彰するものです。一般に知られていなかった杉原の勇気ある英断を知り、日本の人々は驚きました。そして戦後外務省がとった杉原への処遇が明らかになり、国会でもとりあげられます。

一九九二年三月、渡辺美智雄外務大臣（当時）は国会で、「訓命違反で処分されたという記録はない。ビザ発給後も七年間勤務してきたのだから、処分されたわけでない」と答弁。ビザ発給が原因ではなく、外務省の人員整理で解雇されたというのです。

それではなぜ杉原は、解雇されない「三分の二」のメンバーに残らなかっ

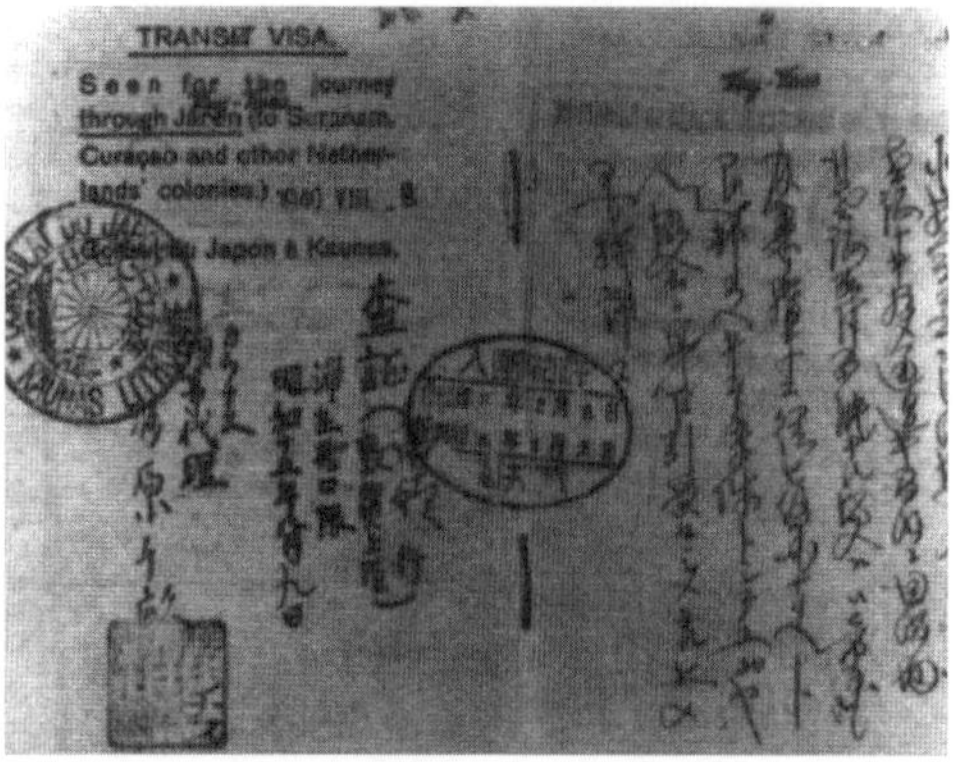

杉原が作成した通過ビザ

★6 二〇一一年、東日本大震災が起きたときに、ユダヤ人の団体が杉原に恩返しをと、日本救済の募金を呼びかけた。

たのでしょうか。戦後の米ソ対立が深刻になるなか、ソ連との外交は日本にとっても重要でした。ロシア語に堪能で、ソ連問題のベテランである杉原は外務省にとって貴重な存在だったはずです。当時、ソ連関係の多くの外交官は整理対象にはならず、杉原より遅れて帰国した人も職場復帰しています。杉原と外務省の関係に軋轢《あつれき》はなかったといわれていますが、ほんとうでしょうか。

二〇〇〇年、日本政府は公式に杉原の名誉回復をおこないました。河野洋平外務大臣（当時）は遺族に謝罪し、杉原の人道的かつ勇気ある判断をとりあげて、「すばらしい先輩を持つことができたことを誇りに思う」と述べました。

政府の指示に従わなかった杉原がその後どうなったか、それは誰もが気になることでしょう。戦後五五年後の彼の名誉回復も、あわせて紹介したいことです。

杉原千畝記念館（岐阜県）（資料協力：八百津町・杉原千畝記念館）

さらに読んでみよう

杉原幸子『六千人の命のビザ』大正出版、一九九三年

渡辺勝正『真相・杉原ビザ』大正出版、二〇〇〇年

〈cc by Turelio〉

16

修道女

マザー・テレサ（1910〜1997）

——生前から批判があった「聖人」

マザー・テレサは複数の小学校道徳教科書で、「よりよく生きる喜び」や「勤労、公共の精神」の項目でとりあげられています。★1 彼女はなぜ、インドのもっとも貧しい人々のために生涯をささげたのでしょうか。また、ほんとうに「聖人」★2 にふさわしい人なのでしょうか。

★1　学研二〇二四年版、小学六年、光村小学六年、光文書院小学五年。

★2　キリスト教会ではイエスの教えに従い、その教えを完全に実行した人物で、重病を治したなどの「奇跡」が必要とされる。カトリックではローマ教皇庁が「聖人」の称号を与える。

★3　現在は北マケドニア共和国の首都。

Q1 マザー・テレサはどこの国の人ですか。

A マザー・テレサは一九一〇年、バルカン半島南部の小都市スコピエ★3 に生まれました。多くの民族が混在するバルカン半島は、一四世紀の末から五〇〇年以上もオスマン帝国に支配され、イスラム教が広がりました。しかし改宗は強制されなかったので、キリスト教の正教会（東方教会）、ローマ・カトリック教会、またユダヤ教など、さまざまな宗教の人たちが隣りあい暮らしていました。

そのころバルカン半島は「ヨーロッパの火薬庫」と呼ばれ、小さな争いからすぐに大きな戦争が起きそうな、緊張した地域でした。★4 実際、一九一三年にスコピエは、第一次バルカン戦争★5でオスマン帝国に勝利したセルビア王国の領土となり、第一次世界大戦後の一九一八年には、セルビア人・クロアチア人・スロベニア人王国（のちにユーゴスラビア王国）★6の一部となりました。

マザー・テレサの本名はアグネス＝ゴンジャ・ボアジュといい、姉と兄がいます。両親はスコピエに移り住んだアルバニア人で、敬虔《けいけん》なカトリックのキリスト教徒でした。母は困っている人たちに家で食事をさせ、食料やお金を持って幼いアグネスとともに貧しい人々を訪ねました。

アルバニアはセルビア王国の西隣で、オスマン帝国から独立したばかりでしたが、アルバニア人はできたばかりの国境をあまり意識せず、そのままセルビア王国で暮らしていたのです。

それでもキリスト教の正教会やイスラム教と比べ、カトリックは少数派でした。★7 アグネスは自分がカトリックであることをつねに意識し、異なる宗教は共生もできるが、ときとして深い対立も生むと感じていたかもしれません。

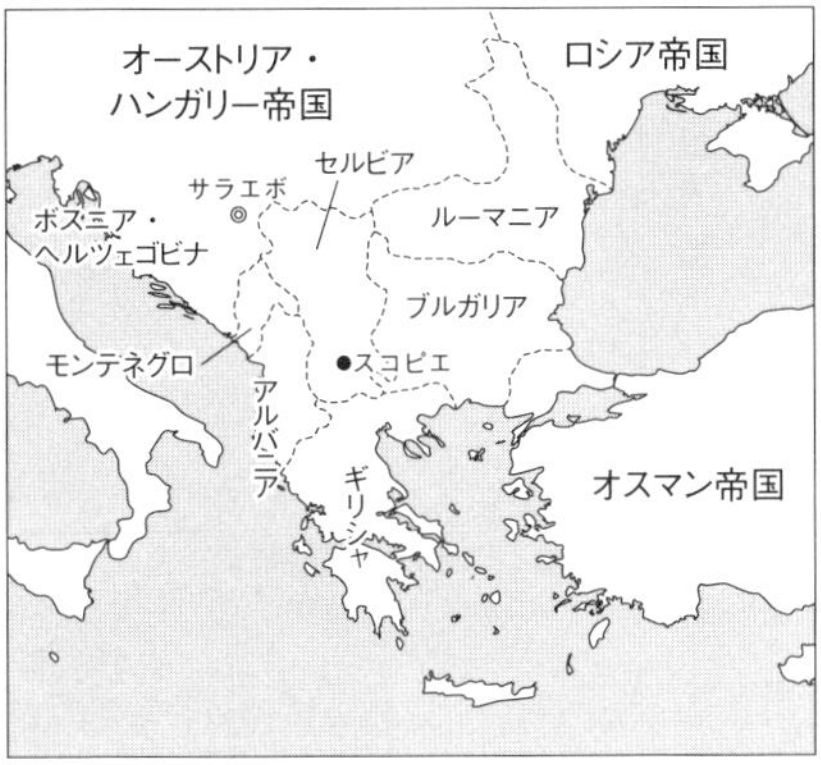

第一次世界大戦前のバルカン半島

★4 バルカン半島はラテン系、ゲルマン系、スラブ系、トルコ系などさまざまな民族と宗教の人々が混在する。当時はオスマン帝国の衰退を機に、ロシア帝国とオーストリア・ハンガリー帝国が進出、さらに大国の支配から独立を求める民族運動や、バルカン諸国間の領土争いなど、複雑できびしい対立が起きていた。

★5 弱体化したオスマン帝国から、セルビア、ブルガリア、モンテネグロ、ギリシャが同盟し、領土をとった戦争。

★6 「ユーゴスラビア」とは「南スラブ」「南スラブの諸民族からなる国」の意。

Q2 アグネスはなぜ インドに来たのですか。

A

アグネスの父ニコラは数か国語を話し、建築請負業と食料輸入を営むエネルギッシュな人でした。市会議員を務める名士で、アルバニアの熱烈な愛国者でしたが、アグネスが九歳のときに急死（毒殺が疑われる）し、一家は困窮しました。母ドラナフィルは手製の刺繍《ししゅう》製品やカーペットなどを売り、懸命に家計を支えました。アグネスは一四～一五歳のころ、宣教師としてインドへ行くと決心します。きっかけはインドのベンガル地方で活動するイエズス会宣教師の報告を聞いたことでした。

アグネスが宣教師になるには、修道女（シスター）にならねばなりません。それは、きびしい戒律の生活を送るということで、当時は家族との面会も許されず、遠いインドへ行くことは家族との永遠の別れに等しいものでした。一九二八年、一八歳のアグネスはインドへ宣教師を派遣しているアイルランドのロレット修道会に入るため、ダブリンに向かいました。アイルランド人にとってカトリックの信仰は、プロテスタントのイギリスに立ち向かう重要な支えのひとつでした★。

アグネスは修道女になるための最初の修練とともに、英語を六週間学び、インドへ渡りました。スエズ運河を通りベンガル湾まで、七週間の船旅です。

★7 ヨーロッパのキリスト教は西欧・南欧にカトリック、東欧・ロシアに複数の正方教会、北欧・西欧北部にカトリックを批判して生まれたプロテスタントの宗派が分布する。

マケドニアの伝統衣装を着たアグネス（左）。右は姉〈cc by Futufit Media Outlet〉

★ 長年イギリスに支配されたアイルランドでは、カトリックが弾圧された。一九二二年北アイルランドをのぞく地域で自治権を持つアイルランド自由国が成立した。

到着後はヒマラヤ山脈の冷涼な高地ダージリンで二年間修練し、一九三一年、二一歳で修道女シスター・テレサとなりました。

ロレット修道会は女子教育に力を入れ、現在はインドに二つのカレッジ（大学）と一七の学校を持っています。シスター・テレサはコルカタ（カルカッタ）のエンタリーの修道院付属の高等女学校に赴任し、地理と歴史を二〇年近く教え、校長も務めました。生徒は裕福な家庭の娘もいれば、複雑な家庭環境の娘や孤児もいました。一九三七年、シスター・テレサは生涯を修道生活にささげるという誓いをたてました。

Q3 インドではどんなことをしたのですか。

A コルカタ（カルカッタ）はインド東部、ベンガル地方の大都市です。一六九〇年にイギリスが東インド会社の商館を置き、インド全土の植民地化をすすめるイギリスの拠点、英領インドの首都となりました。★1

シスター・テレサがコルカタに来たころ、ガンディーがイギリスの塩税に抗議して「塩の行進」を組織し、ヒンドゥー教の精神に学んだ「サティヤーグラハ」、すなわち非暴力と不服従でイギリスに抵抗する大衆的運動が、全インドに広まろうとしていました。

★1 反英独立運動が高まったため、イギリスは一九一一年に首都を離れたデリーに移した。

エンタリーの修道院と大学、高校は高い塀で囲まれ、修道女はふつうそこから出ることはありません。しかしシスター・テレサは、ベンガル語を使う別の修道会に通う途中、スラムの貧困や飢え、放置された病人や障がい者を目のあたりにしました。

第二次世界大戦中の一九四三年には、大飢きんのためベンガルで数百万人の餓死者が出ました。★2 戦後になると、イギリスの思惑《おもわく》どおり、独立をめぐってヒンドゥー教徒とムスリム（イスラム教徒）が対立し、一九四六年夏、コルカタの通りを死体が埋めつくすほどの凄惨《せいさん》な殺し合いが起きました。さらに翌年、ヒンドゥー教徒中心のインドと、ムスリム中心のパキスタンとが分かれて独立すると、★3 国境間近のコルカタは、東パキスタン（現在のバングラデシュ）から来るヒンドゥー教徒と、東パキスタンに移動するムスリムの集団が行き交い、大混乱のなかの対立で再び大殺戮《だいさつりく》が起きました。

一九四六年、シスター・テレサは、「ロレット修道会を出てスラムで暮らし、もっとも貧しい人々に仕えなさいという神の命令に従いたい」と願い出ます。これは異例のことでしたが、カトリック教会はそのためにテレサが新しい修道会をつくること、修道女でありながらスラムで生活することを、特別に許可しました。一九四八年夏、シスター・テレサは修道女の黒い服を、青い線が入った質素な白い木綿のサリーに着替えてエンタリーを去り、コルカタの北にあるパトナの医療宣教修道会の聖家族病院で、看護や薬、助産を数か月学びました。

イギリス領インド帝国　領域は現在のパキスタンからミャンマーまで及んだ

★2　戦争中、日本軍のビルマ（現ミャンマー）侵攻によって、修道院は野戦病院や難民収容所になった。

★3　当初パキスタンはインドをはさんで西パキスタンと東パキスタンに分かれていたが、一九七一年、東パキスタンはバングラデシュとして独立した。

Q4 なぜマザー・テレサと呼ばれたのですか。

A コルカタにもどった彼女はスラムに部屋を借り、子どもたちを集めて青空教室を開きました。ベンガル語のアルファベットを土の上に棒で書いて教えました。やがて家を提供する人があらわれ、ロレットのかつての教え子たちが活動に加わりました。そして国籍をユーゴスラビア社会主義共和国連邦[★1]からインドに移し、ケアされる人々と同じ「インド人」になりました。

そして一九五〇年、四〇歳のとき、貧しく生きる最底辺の人々に奉仕する修道会「神の愛の宣教者会」[★2]の設立がローマ教皇庁に認められ、総長となったシスター・テレサはマザー・テレサと呼ばれるようになりました。

マザー・テレサと修道女たちは、見捨てられ、ゴミのように扱われる路上生活者やスラムの病人、障がい者、捨て子や孤児、ハンセン病患者のために、身をささげて働きました。コルカタでは路上で死にかけている人を見るのはよくあることでしたが、「死を待つ人々の家」[★3]という施設で彼らの身体を洗い、爪を切り、手当てをして食べさせ、人間の品位を回復して息をひきとらせました。それがどのようなことか、写真を見ればその凄さがわかります。

「神の愛の宣教者会」の活動は世界各地に広がり、修道女だけでなく修道

★1　第二次世界大戦中の一九四三年から一九九二年まで存続した社会主義国。ユーゴスラビア王国の領域を継承し、六つの共和国で形成された。

★2　英表記はThe Missionaries of Charity。

★3　英表記はHome for the Sick and Dying Destitutes。一九五二年にマザー・テレサによって設立された。放置されていたヒンドゥー寺院を改修し、病院にしたもの。

士（ブラザー）やボランティアなどの会もできました。マザー・テレサは有能な組織者でした。インドのパドマ・シュリー勲章をはじめ多くの賞を受賞し、日本にも三回来日しています。活力にあふれ、寸暇を惜しんで活動するマザー・テレサは、行動を予測するのが難しく、取材者泣かせだったといいます。一九九七年に亡くなると、ローマ教皇庁は病人の病気を治す奇跡を起こしたことをもとに、二〇一六年に異例の早さで聖人に加えました。

Q5 マザー・テレサについての批判とはどんなことですか。

A 彼女はイスラム教やヒンドゥー教など、病人本人の信仰を尊重したとされますが、意識が朦朧《もうろう》とした末期の患者に、カトリックの洗礼を授けたとも言われます。また苦痛をやわらげる緩和ケアや感染症隔離をせず、無消毒でのケアや不衛生など、不適切な医療行為も指摘されました。

「神の愛の宣教者会」は路上の病人を施設に運び、世話をしましたが、当時、ヒンドゥー教では死と出産は不浄、汚染の源とされました。そのため家主は貧しい人が貸し部屋で死ぬのを嫌い、病人を外に運び出したのです。また、路上で死ぬ人が苦しむことも、輪廻《りんね》転生《てんせい》の途上、業《ごう》（カルマ）とされ、無視してかまわないものと考えられていました。

「死を待つ人々の家」のようす

「神の愛の宣教者会」はイエスにならい、もっとも貧しい人々とともに生き、身をささげることを選択した人々の会です。修道者は個人の持ち物をほとんど持たず、粗末な食事、清貧と苦しみは、イエスに近づく宗教的な行為と考えられました。しかし、ケアされる人々は苦しみたくない、もう少し食べたいと思ったかもしれません。マザー・テレサは、修道者と同じ生き方を患者に押しつけはしなかったでしょうか。そもそもインドへ来た目的は、宣教、カトリック信者を増やすためだったのではないでしょうか。

一九七九年のノーベル平和賞をはじめ、キリスト教徒が多い欧米社会はマザー・テレサの活動を幾度も高く評価しました。マザー・テレサが貧しく「遅れた」「かわいそうな」白人ではない人々を救う行為は、白人にとって誇らしく、かつての植民地支配への罪悪感をやわらげるものだったかもしれません。数々の表彰は、キリスト教のすばらしさをアピールしました。しかしそれは、キリスト教以外のものの見方や考え方を軽んじてはいなかったでしょうか。[★1] キング牧師やツツ司教（17・18章参照）もノーベル平和賞を受賞しましたが、理由は宗教活動ではありません。

ここで思い出すのは、医療活動に加え井戸掘削や灌漑用水路の建設で、パキスタンとアフガニスタンの人々を救った中村哲医師です[★2]。彼が第一に大切にしたのは、与えるだけの援助ではなく、現地の人々の文化や世界観を基本に、彼ら自身の力で生活を築く助けをすることでした。中村医師がプロテスタントのキリスト教徒だったことを、知らない人も多いかもしれません。

★1　ノーベル平和賞授賞式のスピーチで、マザー・テレサは「平和を破壊するのは戦争ではない、妊娠中絶だ。それは直接の殺人、母親による殺人だから」と語った。しかし貧困や母体の健康、女性の自己決定など、中絶が必要な場合があることは明らかである。

★2　中村医師を取りあげている道徳教科書は複数ある。

さらに読んでみよう

和田町子『マザーテレサ』清水書院、一九九四年

シャーロット・グレイ著／橘高弓枝訳『マザー・テレサ』偕成社、一九九一年

17

公民権運動家

キング牧師《ぼくし》（1929〜1968）

——人権と平和のためのたたかい

キング牧師は黒人（アフリカ系アメリカ人）への差別撤廃運動のリーダーで、道徳の教科書ではアメリカ南部の町モンゴメリー★1でのバス・ボイコット運動が紹介されています。暴力を振るわれても非暴力で抵抗した運動は、困難をかかえながらも多くの人々の共感を呼び、白人にも支持者を広げました。しかしアメリカ合衆国には今日もなお、深刻な差別があります。

★1　アメリカ合衆国南部アラバマ州。モントゴメリーともいう。

Q1 バス・ボイコット運動はキング牧師がはじめたのですか。

A バス・ボイコットとは客がバス乗車を拒否することですが、この運動のきっかけをつくったのは、黒人女性のローザ・パークス★2です。ローザは一九三二年に黒人理容師のレイモンド・パークスと結婚しました。レイモンドは黒人や差別されている人々の権利獲得をめざす、全米黒人地位向上

★2　二〇二四年版の小学校道徳教科書ではローザをとりあげたものもある。

協会のメンバーで、ローザも会員となり、無報酬でモンゴメリー支部の書記の仕事をはじめました。

そのころ、協会のモンゴメリー支部では、市営バスの人種隔離に抗議し、訴訟を起こそうとしていました。市の条例では座席を人種別に分けて黒人席を後方とし、混雑時には白人に席をゆずる習慣になっていたのです。信じられないことですが、当時はこのような法律によって人種差別を認め、保護していました。

一九五五年一二月、バスの座席に着席していたローザ・パークスは、白人に席をゆずるように指示した運転手に対し「立ちません」[★3]と拒否します。彼女はモンゴメリーの百貨店での縫製の仕事帰りでした。ローザは運転手が呼んだ警官に逮捕されましたが、乗り合わせた乗客は、彼女が冷静で毅然としていたことを証言しています。

こうした事件はローザが初めてではありません。すでに二人の一〇代の少女を含む五人の女性[★4]が白人に席をゆずることを拒否して逮捕される事件があり、ローザの行動は黒人女性の一連の抵抗運動のなかにありました。

キング牧師[★5]はこのとき二六歳、町の教会に着任したばかりでした。彼はすぐ、全米黒人地位向上協会の仲間とともに市バスのボイコット運動を呼びかけます。それは差別の撤廃と法の下の平等、市民としての自由と権利を求める公民権運動の活動家としての、彼の第一歩でした。

貧しい黒人にとって、市バスは通勤通学の足でした。しかし乗車を拒否し

ローザ・パークス　一九一三〜二〇〇五年。

★3　「疲れていたのでは」という指摘に対し、彼女は五〇年代後半のメモに、「私は生涯ずっとひどい扱いを受けてきて、この瞬間にもう我慢ならないと感じたのだ」と記している。活動家であった彼女のイメージは、ボイコット運動に広い支持を得るために隠された。

★4　一九五五年三月一五歳の高校生、四月三七歳の助産師、一〇月七七歳の女性、そしてメイド(何月かは不明)。

★5　本名はマーティン・ルーサー・キング・ジュニア。

て長時間歩き、あるいは車に相乗りしてつづけた抵抗は、白人の理解者を増やし、三八一日もつづけられました。人間としての尊厳が、これ以上の差別を許さなかったのです。ボイコット運動は市の財政に大きな損害を与え、一年後、連邦最高裁判所が「人種によって席を分ける条例は憲法違反」との判決を出すまで継続されました。

その後ローザは、民主党の下院議員のスタッフとして、ホームレスの支援や青少年の人権教育に力をそそぎました。そして一九九九年には、連邦議会が偉大なアメリカ市民に贈る金メダルを贈られ、死後の二〇一三年には連邦議会議事堂のホールに彼女の彫像が設置されました。★6

Q2 キング牧師はどのように公民権運動を展開したのですか。

A キング牧師はジョージア州アトランタで生まれ、父親も牧師でした。プロテスタントのキリスト教徒として育ち、大学在学中に牧師となりました。彼は黒人差別の撤廃は神の意思であると信じ、それはガンディー★1のような非暴力・直接行動によって達成されるべきであると考えました。

キングは、正義を実現するには正義の手段に訴えるべきだと言います。その原点には、キリスト教徒としてすべての者、自分を迫害する者や敵をも愛

★6 デトロイトにはローザ・パークス記念館がつくられ、当時ローザが乗っていたバスはミシガン州のヘンリー・フォード博物館に保存されている。

★1 一八六九〜一九四八年。インドのグジャラート州出身、ロンドンで学び弁護士となった。「非暴力・不服従」をとなえインド独立運動を指導した。

さなければならないというイエスの教えがありました。逮捕され暴力を振るわれても、その人を憎むことなく、愛という武器を使わなければならないというのです。バス・ボイコット運動や、黒人を無視して接客しないレストランに抗議する「シットイン（座り込み）」運動、人種別のバス座席に黒人と白人が並んで座る「フリーダム・ライド（自由のための乗車）」運動も、こうした考え方とつながっています。

一九六三年春、キングはアラバマ州のバーミングハムでボイコット、座り込み、デモ行進を指導します。バーミングハムはアメリカでも人種隔離がはげしい町のひとつでした。警察はデモ参加者に消防用の高圧放水を浴びせ、警察犬に襲わせました。そして、たくさんの逮捕者を出したのです。

キングも逮捕されました。しかし、警官たちの生々しい残虐な行為がテレビなどで報道されると、運動に共鳴する声が全米で高まり[★2]、世界中からも抗議の声があがりました。バーミングハムの警察署長は失職し、町にあった差別的な標識は撤去され、公共の場に黒人も入れるようになりました。バーミングハムでの運動はマスコミの注目を集め、その後の抗議運動の展開に大きな影響を与えることになりました。

アラバマ州付近　バーミングハムとモンゴメリー

★2　デモ参加者に警察犬が襲いかかる写真は、全米に衝撃を与えた。

Q3 キング牧師とマルコムXは対立していたのですか。

A 黒人解放運動の指導者は、キング牧師だけではありません。彼と並ぶ人物にマルコムXがいます。彼の本名はマルコム・リトル。一九四八年、二三歳のときにイスラム教に改宗し、五二年、二七歳のときにネーション・オブ・イスラム教団[★1]から「X」の姓を授かって、マルコムXと名のるようになりました。

かつてアフリカから連れてこられた黒人奴隷に、白人の主人は奴隷らしい名前と主人の姓をつけていました。マルコムの「X」とは未知数のXの意味で、本来の姓が奪われたこと、不明なことを表しています。

マルコムの父は牧師でしたが、人種差別主義者に殺されました。高校を中退したマルコムは、ニューヨークに出て犯罪に手を染め、二〇歳のときに強盗をしてつかまります。刑務所でネーション・オブ・イスラム教団と出会い、刑務所内の図書館で自学し、知識と教養を身につけました。

マルコムは黒人解放運動の指導者となりますが、教団の教えは白人を敵視するもので、キングの唱える白人と黒人の協力と宥和《ゆうわ》、非暴力主義とは対立するものでした。実際、キングらの呼びかけたワシントン大行進では、制度的差別をなくす公民権法の成立を最優先したため、南部の白人による暴力を

★1 アフリカ系アメリカ人によるイスラム運動組織で、平等を説く伝統的なイスラム教の教義を否定し、白人社会への同化を否定、黒人の民族的優越を説いていた。

マルコムX 一九二五〜六五年。

見逃してきた政府への批判をしていません。

マルコムの主張は、キングの非暴力主義に満足しない都会の黒人の若者をひきつけました。しかしその後、マルコムは教団を脱退し、メッカ巡礼やアフリカの独立運動の指導者などとの交流を通して視野を広げ、白人敵視を撤回し、公民権運動やキングとの協力を考えはじめていました。

しかしその矢先の一九六五年、マルコムはニューヨークのハーレムで演説中、教団のメンバーによって殺害されました。★2

★2 暗殺の一週間前には、講演先のデトロイトでローザ・パークスとも会っていた。

Q4 公民権法はどのようにして成立したのですか。

A 一九六三年八月二八日のワシントン大行進では、公民権法の成立を求めて二〇万人以上が首都に集結しました。南北戦争中のリンカンの奴隷解放宣言から一〇〇年経っても差別がなくならないと、ケネディ政権に差別撤廃を訴えるものでした。

このときキングが演説した「I Have a Dream（私には夢がある）」は、「自由と平等の国アメリカ」を信じる多くの人々の共感を呼び、歴史に残る名演説になりました。

一方で、集会にはローザ・パークスも参加していましたが、女性たちには

ワシントン大行進　二〇万人以上の人々がリンカン記念堂前の広場に集まった

大きな役割は与えられず、演説者に女性はいませんでした。性（ジェンダー）の不平等撤廃は、まだあまり意識されていなかったのです。[★1]

冷戦下の一九六一年に就任したケネディ大統領は、外交政策を重視しました。黒人差別を解消しなければ、世界におけるアメリカの威信は失われると考えたようです。彼は公民権法の成立に取りくみますが、六三年一一月にテキサス州ダラスで暗殺されました。

翌一九六四年、後任のジョンソン政権のもとで、[★2]アメリカ史上「最強」とされる公民権法が成立しました。これにより、建国以来つづいた法が認める人種差別は禁止されることになりました。[★3]

しかし問題は残りました。南部での黒人差別は根強く、北部の都市での人種間の経済格差の拡大も深刻でした。それらを背景に六〇年代の後半からは、武装して白人に対抗しようという[★4]ブラック・パワーの運動が台頭しました。

Q5 キング牧師はヴェトナム戦争についてどう考えていたのですか。

A 一九六〇年代のアメリカは、公民権運動とともにヴェトナム戦争の時代でした。ジョンソン政権は六五年に北ヴェトナムへの爆撃（北爆）を開始し、本格的にヴェトナム戦争に介入します。[★1] キングは、公民権法の成

★1　女性解放運動は、六〇年代のアメリカで公民権運動やヴェトナム反戦運動の展開から生まれ、世界に広がった。

★2　これまでに制定された公民権法の中でもっとも広範囲におよぶという意味。

★3　黒人の選挙権の保障、公共施設・ホテル・レストランなどの施設での差別・隔離の禁止、公教育における人種差別の排除などを定めた。

★4　差別的な現実が変わらないことに不満を持つ黒人たちのなかで、公民権の保障だけでは平等は達成できないので、黒人自身の力で平等を勝ちとろうという「ブラック・パワー」のスローガンがとなえられた。運動はヴェトナム反戦運動とむすびつき広がりをみせ、学生のなかから生まれた「ブラック・パンサー党」は武装自衛を主張したが、のちに急進化により大衆的基盤を失い、衰退していった。

★1　アメリカによる北ヴェトナムへの爆撃の口実とされたトンキン湾事件の二回目の北ヴェトナム側の魚雷艇攻撃は存在せず、戦争拡大を目的にしたアメリカのでっちあげであったことが明らかにされている。

立にジョンソン政権が力を貸したため、はっきりとは戦争反対の意志を示しませんでした。

また、政府がヴェトナム戦争を「自由と民主主義を守るための戦争」だと主張しているときに、反戦を訴えることは、アメリカ国内では共産主義者や反米主義者であると受け止められかねませんでした。

戦争は多額の国家予算を費やし、アメリカ経済は年々圧迫され、貧しい人々、とくに黒人の生活に影響を及ぼしていました。そして、戦争の最前線に立ち、犠牲となる兵士は、貧しいがゆえに志願して戦場に向かわざるを得なかった黒人たちでした。

一九六七年、キングは新たにヴェトナム戦争について声明を発し、反戦の立場を表明します。当然、ジョンソン政権との関係は悪くなり、公民権運動に携わる黒人やメディアからもキング批判が噴出します。当時反戦の声はまだ多くはなかったのです。[★2] キングは人々を苦しめている貧困問題とヴェトナム反戦を同時に訴えました。

そして黒人だけの運動では不十分だと考えたキングは、新しい運動として、アメリカ先住民、ヒスパニックの人々、白人の低所得者層にも呼びかけて、再びワシントンでの行進を計画します。

「貧者の行進」と呼ばれるこの集まりは、一九六八年四月に予定されました。四月四日、ワシントンに向かう前に南部テネシー州の街メンフィスを訪れたキングは、宿泊していたモーテル[★3]のバルコニーにいたところを白人男性

★2　一九六八年一月に、南ヴェトナム解放民族戦線の総攻撃で首都サイゴンが攻撃された。アメリカ軍の劣勢が明らかとなり、国内の戦争反対の声は大きくなっていった。

★3　モーテルは自動車利用者のための駐車場付きの簡易宿。キングが殺害されたモーテルは、現在、地元の人々が資金を出し、公民権博物館になっている。

に狙撃され亡くなります。暗殺されたマルコムと同じく享年三九でした。
キングの死後、妻以外の親しい女性がいたことや、論文や演説の盗用が指摘されますが、彼の命をかけた差別と貧困に対するたたかい、反戦のたたかいについての評価が変わることはありません。アメリカでは一九八六年以降、キングの誕生日である一月一五日に近い一月の第三月曜日が、キング牧師記念日として祝日となっています。

キングが殺害されたモーテル
〈cc by Bobjagendorf〉

さらに読んでみよう

ローザ・パークス著／高橋朋子訳『黒人の誇り・人間の誇り——ローザ・パークス自伝』潮出版社、二〇二一年

ジェイムズ・H・コーン著／梶原寿訳『夢か悪夢か・キング牧師とマルコムX』日本基督教団出版局、一九九六年

〈cc by John Mathew Smith & www.celebrity-photos.com〉

18

反アパルトヘイトの活動家

ネルソン・マンデラ（1918〜2013）

——白人支配を終わらせた大統領

ネルソン・マンデラの生涯は、反アパルトヘイト運動から大統領に就任するまで、二七年もの刑務所生活を含め、道徳の教科書にくわしく取りあげられています。[★1] しめくくりは一九九五年のラグビーのワールドカップ。黒人と白人が一緒になって応援し、開催国南アフリカの代表チームが優勝したのでした。

★1　あかつき教育図書二〇一九年版、中学道徳三年。

Q1 アパルトヘイトとは何のことですか。

A 「アパルトヘイト」とは、アフリカーンス語で「分離する」という意味です。アフリカーンス語とは、南アフリカ共和国（以下、南ア）をヨーロッパ人で最初に支配した、「アフリカーナー」と呼ばれるオランダ系白人のことばです。[★2]

★2　南アフリカ南端のケープ植民地は、一六五二年にオランダのアジアにおける貿易を担うオランダ東インド会社がアジアへの拠点として建設し、オランダ人が入植した。

アパルトヘイト政策がとられた南アでは、列車やバス、公共施設、公園、海岸などさまざまなものが、白人用と非白人用に分けられていました。参政権をはじめ、住居、結婚、就職、教育、医療など、日常生活のすみずみまで白人と非白人をきびしく分離し、差別する政策を、「小アパルトヘイト」と呼びます。これらは法律と慣行で制度化され、従わなければ殺される危険さえありました。このような分離政策は、かつてのアメリカ合衆国の南部でおこなわれた黒人差別と同じです。

一方「大アパルトヘイト」とは、もともと住んでいた黒人を南アから追い出し、「外国人」にする政策です。あとから入植した白人よりもはるかに多い黒人を、国土のわずか一三パーセントの広さしかない辺境、しかも作物の育たない不毛の地に住まわせ、名目だけの自治権を与えて、バントゥスタン（ホームランド）と呼ぶ偽の「独立国」をつくったのです。ここに住みながら首都ヨハネスブルクで働く黒人は、「外国」からの出稼ぎ労働者とされました。しかし世界各国は、これを独立国とは認めませんでした。

黒人への差別はオランダの植民地時代からありました。その後一九世紀から南アはイギリスの植民地[★3]となり、第二次世界大戦後の一九四八年以降、人種差別の法制度が強化され「アパルトヘイト」という用語が広まりました。

南アの社会は、上からイギリス系白人、アフリカーナー（オランダ系）、黒人という三重のピラミッド型の構造でした。[★4]白人は少数でしたが、その半数以上をしめるオランダ系の白人は、イギリス系白人に反感を持っていました。

アパルトヘイト博物館（ヨハネスブルク）〈cc by Annette Kurylo〉

★3　ケープ植民地はナポレオン戦争中にイギリスに占領され、ナポレオン戦争後のヨーロッパ秩序再建のためのウィーン会議（一八一四〜一五年）でイギリス領となった。

★4　詳述すればアジア系（主にインド系）とカラード（混血）が黒人の上に入り、「非白人」として差別された。

そのような社会構造において、アパルトヘイト制度を導入することによって、白人どうしの対立を避けて白人の支配を維持し、非白人を安い賃金で使うことができたのです。

Q2 マンデラは武力闘争で問題を解決しようとしたのですか。

A 南アの黒人解放運動には長い歴史があります。アフリカ民族会議[★1]（ANC）の発足は一九一二年で、法律の平等な適用、不動産取得の自由、就職の機会均等などをかかげました。黒人、インド系、カラード（混血の人々）、それに白人も含む多人種からなる組織です。たたかい方は伝統的に請願などの非暴力・不服従で、マンデラは四四年に入党して青年同盟を組織しました。

第二次世界大戦後、ANCはストライキやデモなどのやり方でも運動をおこなうようになります。非暴力の抵抗運動が展開され、マンデラは指導者として知られるようになりました。一九五二年には大学で出会ったオリバー[★2]・タンボとともに、ヨハネスブルクで黒人初の弁護士事務所を開業し、運動をつづけました。しかし、白人が支配する南アフリカ政府の弾圧が強まると、ANC内にも武装闘争を支持する声が大きくなります。

★1 一九一二年に組織された南アフリカ先住民民族会議が改称した。

★2 一九一七～九三年。マンデラと共に反アパルトヘイト運動を展開し、アフリカ民族会議（ANC）の第一〇代議長となった。

青年時代のマンデラ

一九六〇年三月二一日、ヨハネスブルク近郊のシャープビルで、大規模な反アパルトヘイトの抗議運動が展開されました。このとき、警察の無差別な発砲により、六九人もの死者と多くのけが人が出ました。世界ではこの「シャープビル虐殺事件」によって、アパルトヘイト政策を非難する声が高まりました。★3

ところが南ア政府は国家非常事態を宣言してデモや集会を禁止し、抵抗する人をつぎつぎと逮捕します。そのためＡＮＣは非暴力から武装闘争へと転換し、一九六一年には軍事組織をつくりマンデラが責任者となりました。こうして政府の暴力に暴力で対抗することになりましたが、マンデラは攻撃対象を建物などに限定し、人間の殺傷はできるだけ避けようとしました。

一九六二年八月マンデラは逮捕され、六四年には国家反逆罪で終身刑とされました。他のＡＮＣの指導者もつぎつぎと逮捕され、六〇年以降の一〇年間に政治犯の逮捕者は二万人を超えたといわれます。

★3　一九六六年の国連総会で、虐殺があった三月二一日は「国際人種差別撤廃デー」と決定された。

Q3 南アフリカのアパルトヘイト政策に日本は関係しているのですか。

A 一九七六年六月、ヨハネスブルク近郊のソウェト地区で、警官の発砲により五〇〇人以上の犠牲者が出ました。★1 翌七七年、反アパルトヘイ

★1　きっかけは、政府が学校でアフリカーンス語の使用を強制したことに対する学生や生徒の抗議運動に、警官が発砲したことである。

ト運動の指導者スティーヴ・ビコ[★2]が拷問で殺害されると、多くの国々が南アとの国交を断絶、経済制裁に踏みきりました。さらに文化、スポーツの分野でも圧力を加え、南アを世界から孤立化させました[★3]。

アメリカでは、ソウェトの事件直後から、黒人を中心に反アパルトヘイト運動が高まります。市民や大学や教会、自治体が、企業や銀行による南アへの融資を批判し、南アと取引のある企業に対し、不買運動を展開しました。そのため、コンピューターメーカーのＩＢＭや自動車のフォード、ＧＭなど、多くのアメリカ企業が南アから撤退しました。

このとき入れ替わって南ア経済を支えたのが、日本のトヨタや日立などの企業です。また南ア産出の金やダイヤモンド、石炭が大量に日本に輸出され、一九八七年には日本が南ア最大の貿易相手国となりました。

日本との経済関係が強まり、南アフリカ政府は有色人種の日本人を「名誉白人」としました。「名誉白人」とは、「白人ではないが白人のように扱う」ということです。ただし、それは白人地域の居住や白人専用のホテル・レストランなどの使用を認めただけで、永住権や不動産取得などは認めませんでした[★4]。

一九八六年、日本を訪れた南アのデズモンド・ツツ司教[★5]は、日本による南アとの貿易や経済援助を非難し、「名誉白人として南ア政府に協力している日本人も、アパルトヘイトがなくならないかぎり、真に自由にはなれない」と述べています。

★2　一九四六〜七七年。貧しい家庭に生まれ、南アフリカ学生機構（ＳＡＳＯ）創設の中心となった。アメリカのブラック・パワー運動（第17章キング牧師のＱ３の注４を参照）の影響を受け、黒人意識という思想を広めようとした。一九七七年に警察に逮捕されて殺害され、反アパルトヘイト運動の象徴的存在となった。映画『遠い夜明け』（一九八七年）は彼の活動と死を描いている。

★3　世界的なミュージシャンがコンサートをキャンセルし、オリンピックをはじめ国際的なスポーツ大会も南アの参加を拒否した。このため陸上競技の女子五〇〇〇メートルの世界記録を持つゾーラ・バッドは、イギリス国籍をとってロサンゼルス・オリンピック大会に参加した。

★4　南ア在住の日本人のなかには「名誉白人」とされることを誇る風潮があったといわれる。

★5　一九三一〜二〇二一年。教員から南アフリカの聖光会の司祭となった反アパルトヘイトの人権活動家。反アパルトヘイト運動では、非暴力と外国からの経済的圧力を重視し、一九八四年にはノーベル平和賞を受賞した。

Q4 大統領になったマンデラはどんな国づくりをめざしたのですか。

A 長くつづく国内の抵抗運動、そして一九八〇年代後半以降に国際社会がとった経済制裁は、南ア経済を苦しめました。南ア政府はついに、アパルトヘイト廃止の方向に踏みだします。

一九九〇年二月、デクラーク大統領はアパルトヘイト法の撤廃を宣言、二七年間も投獄され、獄中でも反アパルトヘイトの象徴となっていたマンデラをロベン島の監獄から釈放します。九四年四月には、すべての人種が参加する南ア史上初めての選挙が実施され、黒人は初めて選挙権を得てマンデラ大統領が誕生しました。南アの白人単独政権の終わりです。

マンデラ政権はただちに民族の和解と協調を呼びかけます。また経済面では、アパルトヘイト体制下でもたらされた白人・黒人間の格差の是正と、経済制裁による不況からの回復をめざしました。

九六年には、民族の和解と協調のために、アパルトヘイト体制下で起きた政治的抑圧や人権侵害の真相を明らかにし、被害者の権利回復をめざす真実和解委員会が設立されました。委員長には、白人からも信頼され、ノーベル平和賞を受賞したデズモンド・ツツ司教が選ばれました。

公聴会が開かれ、つぎつぎにアパルトヘイト時代の人権侵害が明らかにさ

ロベン島のマンデラが収監されていた独房。ケープタウンの沖に浮かぶ監獄島で、マンデラはここに一八年間収監された。九九年、世界遺産に登録。〈cc by schavda〉

デズモンド・ツツ司教〈cc by Elke Wetzig〉

れます。委員会は被害者や遺族の訴えを受けて、人権蹂躙《じゅうりん》をおこなったと指摘された加害者を特定しました。しかし、加害者は事実を認めて証言すれば、刑罰は科されませんでした。真実を明らかにし和解することが大切で、懲罰《ちょうばつ》や復讐《ふくしゅう》が目的ではなかったからです。★1

マンデラ政権の大きな課題は、アパルトヘイト体制下での白人と黒人の対立、そして反アパルトヘイト運動をすすめた勢力内部の対立を、どのようにしておさめ、すべての人種を融和させるかということでした。マンデラは多様性のある国づくりをめざして、新しい国を、さまざまな色からなる「虹の国」と呼びました。

Q5 アパルトヘイト政策の廃止によって人種間の格差はなくなったのですか。

A 一九九五年、第三回ラグビー・ワールドカップが南アフリカで開催されました。★1 マンデラ政権が誕生した翌年のことで、南アフリカのワールドカップ参加は初めてでした。南アのラグビー代表チーム（スプリングボクス）は当時ほとんどの選手が白人、とくにアフリカーナーで占められていました。ラグビー自体が白人のスポーツとされ、黒人などには人気がなかったのです。

★1 しかし、過去の人権侵害の解釈や、証言者にはアフリカ系が多かったこと、喚問を拒否した旧政府高官も多かったことなどが指摘され、さまざまな立場から委員会に対して批判が出された。

★1 ラグビーのワールドカップは一九八七年の第一回をニュージーランド、一九九一年の第二回をオーストラリアで開催。制裁で除名されていた南アは初出場、初開催で初優勝した。

★2 一九三〇年～。アメリカの俳優、映画監督。西部劇やアクション映画のスターとして知られ、『許されざる者』『ミリオンダラー・ベイビー』はアカデミー作品賞と監督賞を受賞。

★3 先進諸国からの投資や企業進出を妨げる要因となり、国民のあいだに政権への不満を高めた。

しかしマンデラ大統領は会場に来て観戦し、南ア代表チームを国民融和の象徴として応援しました。白人支配とたたかってきたマンデラの応援に黒人たちは共感し、白人とともに応援し、優勝を勝ちとりました。このエピソードは小説となり、二〇〇九年にクリント・イーストウッド[★2]監督の『インビクタス　負けざる者たち』というアメリカ映画で感動的に描かれています。

新政権では、人種間格差の是正や、黒人の生活環境の改善が急務とされていました。新政権の多くの取りくみによって、人種間の格差の是正や融和の点では明らかに前進がみられましたが、依然として黒人の失業問題は解決されず、治安の悪化をもたらしました。[★3]

二一世紀に入っても、白人と非白人の経済格差はまだまだ開きがあり、アパルトヘイト政策が撤廃されても、貧困層への恩恵は少なかったといわれています。その理由として、アパルトヘイトが生み出した教育格差の問題も重要です。そして最近では、これまで政権を担当してきたANC[★4]内部の汚職なども報道され、政府はさまざまな課題に直面しています。

マンデラは二〇一三年に亡くなりましたが、内戦を防ぎ、今日の南アフリカを築きあげた、すべての国民の指導者として尊敬されています。

『インビクタス／負けざる者たち』ブルーレイ 2619円（税込）／DVD 1572円（税込）発売元：ワーナー・ブラザース ホームエンターテイメント 販売元：NBC ユニバーサル・エンターテイメント ©2009 Warner Bros. Entertainment Inc. All rights reserved.

★4 アパルトヘイト撤廃後の総選挙ではつねに七割近い得票でANCが圧勝してきたが、最近では経済の停滞と高失業率を背景に得票率が低下している。

さらに読んでみよう

堀内隆行『ネルソン・マンデラ――分断を超える現実主義者』岩波書店、二〇二一年

伊藤正孝『南ア共和国の内幕――アパルトヘイトの終焉まで』中央公論新社、一九九二年

19

俳優 オードリー・ヘップバーン（1929〜1993）

――戦争体験を忘れなかったひと

オードリー・ヘップバーンは、『ローマの休日』や『マイ・フェア・レディ』など大ヒット映画の主役を務めた世界的な俳優です。個性的でエレガントなファッションは、いつも注目の的でした。晩年には国連のユニセフ親善大使を務め、世界各地の紛争地帯や難民キャンプを訪れ、支援を訴えました。

Q1 第二次世界大戦中はどのようにすごしていたのですか。

A オードリー・ヘップバーンは、一九二九年にベルギーの首都ブリュッセルで生まれました。父はアイルランド系のイギリス人実業家、母はオランダ貴族の家柄で、前夫とのあいだの二人の男子をつれた再婚でした。

オードリーは一〇代の前半を第二次世界大戦下のオランダの、母の実家があった古都アーネムで過ごしました。
一九四〇年五月、アーネムはドイツ軍に占領されました。祖父の男爵は領地から追い出され、財産は没収されます。ナチスに抵抗しようとした親戚は銃殺され、異父兄は強制労働のためベルリンへ連れていかれました。幼いオードリーは、駅から送り出されるユダヤ人たちも目にしました。

アーネム近郊は激戦地[★1]となり、レジスタンス[★2]の活動もさかんでした。オードリーはレジスタンスを支援する母親の頼みで、秘密の文書を靴の中に隠して運びました。またレジスタンスの資金集めのために、個人の屋敷でバレエを踊ったこともありました。当然これは秘密ですから、窓のカーテンは閉じられ、観客の拍手もありません。

一九四五年三月、通りを歩いていたオードリーはドイツ兵につかまりました。ドイツ兵は軍の施設や病院で働く労働力として、若い女性を手当たり次第に集めていたのです。しかしオードリーは隙をみて逃げ、母のもとに帰りつきました。戦いがはげしくなると、空襲を避け地下室での暮らしがはじまりました。食料も満足ではない生活は、彼女の健康をおびやかしていきます。

戦争が終わると、ユニセフ（UNICEF　国連児童基金）の前身であるアンラ（UNRRA　国連救済復興基金）から、たくさんの食料や医療・日用品がオランダに届きました。多くの子どもや人々が援助物資で救われたのです。このことはオードリーの忘れられない記憶のひとつとなり、戦争体験は彼女の人間形成に大きな影響を与えていきました。

★1　連合軍の空挺作戦を題材とした映画『遠すぎた橋』（一九七七年）の舞台。

★2　第二次世界大戦中、ナチスドイツ占領下のフランスやヨーロッパ各地でおこなわれた抵抗運動。

オランダとイギリス

Q2

映画『ローマの休日』の原作者は投獄された人だというのは、ほんとうですか。

A オードリーはバレエをやめ、戦後ロンドンで舞台や映画の端役として出演していました。そして一九五一年、ニューヨークの劇場街ブロードウェイの舞台で主役を演じ、ハリウッド映画『ローマの休日』の主役に抜擢されます。★1

『ローマの休日』の物語では、ある国の若い王女が外交のためヨーロッパの国々を訪問するなか、ついにローマで政務に嫌気がさし、滞在先の宮殿を抜け出してアメリカ人の新聞記者と出会い、ローマの街中を巡ります。二人は恋をするのですが、王女は使命に目覚めて自立し、宮殿へもどります。

一九五三年、映画は公開されるなり世界中で大ヒット。なかでも日本は観客動員数世界一、清楚で気品のあるオードリーは日本人の心をつかみました。何度も映画館に通った人も多く、映画製作費の三分の一が日本の興行で回収されたといいます。当時二四歳、無名の新人女優は、この年アカデミー主演女優賞を獲得し、一気に世界的スターになりました。

女性たちはオードリーに憧れ、競って髪型やファッションをまねしました。彼女は、金髪で派手な顔立ち、スタイルという、それまでのハリウッドの美人女優とはまったく別の、新しいタイプのスターでした。それでも、本人は

★1 監督は『ミニヴァー夫人』『我等の生涯の最良の年』『ベン・ハー』でアカデミー監督賞と作品賞を受賞したウィリアム・ワイラー。

映画『ローマの休日』ローマ市内のシーン

自分の容姿にコンプレックスを持っていたといわれます。

　この作品は主演女優賞のほかに、最優秀原案賞と最優秀衣装デザイン賞も獲得しました。映画のはじめには脚本家としてイアン・マクレラン・ハンターとジョン・ディントンの名前があります。ハンターは原案賞を受賞しましたが、ほんとうに脚本を書いたのはハンターの友人ダルトン・トランボでした。トランボは「赤狩り」★2によって共産党員とされ、映画界から仕事を奪われていたのです。

　一九五〇年前後、冷戦下のアメリカでは労働運動や社会主義勢力の広がりを恐れ、共産党員やそう思われた人々を職場から追放し、社会的に抹殺する「赤狩り」がおこなわれました。そしてその標的は早くから、誰もがよく知るハリウッドの監督や俳優、脚本家にむけられました。

　トランボは呼び出された議会で「あなたは共産党員か」と問われ、信教や言論、出版の自由などをかかげるアメリカ合衆国憲法修正第一条を根拠に回答を拒否し、投獄されました。出所後も映画の仕事は来ず、やむを得ず友人のハンターの名前で『ローマの休日』を書いたのでした。★3

★2　米ソ冷戦の下で緊張が高まるなか、アメリカで政府が国内の共産党員とその支持者を排除した動き。「赤」とは共産党およびその支持者をさす。一九五二年から共和党のマッカーシー上院議員によって推進され猛威をふるった。

★3　一九九三年、アカデミー賞選考委員会は、『ローマの休日』でハンターが受賞していた五三年のアカデミー原案賞を、改めてトランボに贈呈した。トランボはのちに実名でハリウッドに復帰し、『パピヨン』『ジョニーは戦場に行った』などの作品で高い評価を得た。『トランボ　ハリウッドに最も嫌われた男』は彼の赤狩りとのたたかいを描いた作品。

Q3

ミュージカル映画『マイ・フェア・レディ』では、歌をうたわなかったのですか。

A

『マイ・フェア・レディ』[★1]は、言語学者ヒギンズ教授が持論の証明のため、ロンドンの下町の貧しい花売り娘イライザに発音や話し方を特訓し、上流階級のレディに生まれ変わらせようとする物語です。

ブロードウェイの舞台では一九五六年に、ジュリー・アンドリュース[★2]のイライザとレックス・ハリソン[★3]のヒギンズで幕をあけ、二七一七公演というロングランを記録、ミュージカル史上最大のヒット作となっていました。

そしてワーナー・ブラザース社は、この映画化権を史上最高の金額で獲得。しかしワーナー社は、アンドリュースは映画女優ではないと考えていました。アンドリュースもワーナーのスクリーン・テスト[★4]に応じませんでした。ワーナー社は、オードリーが主役なら映画の成功は保証されると考えたのでしょう。しかしアンドリュースを起用しなかったことは、のちのちまで批判されました。

オードリーは必死で歌のレッスンを受け、ロンドンの下町育ち独特のコクニーと呼ばれる英語を練習しました。しかしワーナー社は彼女の歌を認めず、別の歌手が吹き替えでうたいました。オードリーにとっては屈辱です。

映画は興行で大成功し、一九六五年のアカデミー賞の作品賞をはじめ八部門を受賞しました。しかし主演女優賞は、『メリー・ポピンズ』を主演したジュリー・アンドリュースでした。

★1　イギリスの作家バーナード・ショーの小説『ピグマリオン』が原作。

★2　一九三五年〜。イギリス出身の女優、歌手など多彩な活躍をしている。ブロードウェイでは『マイ・フェア・レディ』など、映画では『メリー・ポピンズ』『サウンド・オブ・ミュージック』やヒッチコック監督の作品など多くに出演している。舞台芸術の功績で大英帝国勲章に叙され、デイムの称号を持つ（男性の場合はサーとなる）。

★3　一九〇八〜一九九〇年。イギリスの俳優で、ロンドンの舞台からブロードウェイに進出、映画にも出演する。

★4　俳優の採用や配役を決める際に、撮影したフィルムによって選考すること。

Q4 どうしてユニセフでの活動に関わるようになったのですか。

A 一九八七年、五八歳だったオードリーは、マカオで開かれるユニセフ募金のための慈善コンサートに、特別ゲストとして招かれました。短いスピーチでしたが、彼女は悲惨な子どもたちの現実を訴え、大きな反響を呼びました。彼女は「もっとユニセフのために何かしたい」と考えます。

二か月後、彼女は東京での慈善コンサートに参加し大成功をおさめます。そしてトルコやフィンランド、オランダなど、つぎつぎにユニセフ委員会から依頼が舞い込み、翌一九八八年にはユニセフの親善大使を引きうけることになりました。

オードリーは親善大使就任の際、「私はユニセフが子どもにとってどんな存在なのか、はっきり証言できます。なぜなら、私自身が第二次世界大戦の直後に、食べ物や医療の援助を受けた子どもの一人だったのですから」と述べ、「私はユニセフの活動に、決してゆらぐことのない感謝と信頼をおいています」と付け加えています。★1 国際支援の必要性、とくに子どもたちの救済を訴えた背景には、オランダでの第二次世界大戦と戦後の忘れられない体験があったのです。

親善大使とは、世界的に有名な俳優や歌手などが依頼され、さまざまな活

★1　発言はユニセフのウェブサイト「オードリーの言葉」から。

動を通してユニセフへの支援や活動への関心を高めようとするものです。現在は俳優の黒柳徹子★2や歌手のケイティ・ペリー★3、サッカー選手のデイヴィッド・ベッカム★4やスケート選手のキム・ヨナ★5など多くの人が活動していますが、報酬はなくボランティアの名誉職です。

★2 一九三三年～。日本の女優、タレントで日本初のテレビ出演者の一人。
★3 一九八四年～。アメリカの世界的な歌手、ソングライター。
★4 一九七五年～。イングランド代表だった世界的な元サッカー選手。
★5 一九九〇年～。韓国の元フィギュアアイススケート選手。

Q5 ユニセフではどんな活動をしたのですか。

A オードリーはユニセフの親善大使の活動として、六三歳で亡くなるまでの四年間、八回の旅をしました。オードリーはアフリカ、中南米、アジアへと、飢餓や病気に苦しむ地域や紛争地帯に、カジュアルな服装に化粧なしの素顔で出かけました。このとき、英語、オランダ語、フランス語、ドイツ語、イタリア語に堪能だったことは、とても役立ちました。

そしてアメリカ議会をはじめ、世界各地で内戦や飢餓、貧困などのもとにある子どもたちの現状や、「子どもの権利条約」★1の大切さ、政治や戦争について語りました。

また、オードリーの希望で実現した「アンネの日記朗読コンサート」という各地での慈善コンサートにも参加しています。ユダヤ人のアンネ・フランクと同じ年に生まれ、ナチス占領下のオランダで暮らした彼女にとって、ア

★1 一九八九年に国連で採択された。ユニセフは条約の草案づくりから参加し、各国に条約の批准・加入などを働きかけ、子どもの権利の実現に力を注いでいる。締約国・地域の数は一九六（二〇一九年現在）である。

ンネの体験は自分も体験した生々しいものであり、若いころ映画のアンネ役を依頼されても断ったほどつらいものでした。★2

ユニセフには多くの寄付がよせられ、四年のあいだに組織も拡大しました。★3オードリーは「女優としてのキャリアを生かした晩年の活動にこそ、自分のほんとうの使命はあった」と回想しています。一九九二年、ユニセフでの活動を讃えて、アメリカ合衆国は文民への最高勲章である大統領自由勲章をオードリーに授与しました。★4

★2 『アンネの日記』を読んだオードリーは、「アンネと私は、同じ年に生まれ、同じ国に住み、同じ戦争を体験しました。ちがっていたのは、アンネは家のなかに閉じこもり、私は外にいた、という点だけです。……私が経験したすべての出来事が、この少女の言葉で、信じられないほど正確に書かれているのです」と述べている。

★3 エチオピアを訪れた際、彼女は「もし、人々が支援していないとすれば、そうしたくないからではなく、(支援が必要だということを)知らないからだと思います」と述べている(ユニセフの「オードリーの言葉」から)。

★4 授与式には、すでに病床にあった彼女は参加できず、この受勲から一か月後に、スイスの自宅で六三歳で亡くなった。

さらに読んでみよう

バリー・パリス著/永井淳訳『オードリー・ヘップバーン物語(上・下)』集英社、二〇〇一年

ショーン・ヘップバーン・フェラー著/実川元子訳/加藤タキ監修『Audrey Hepburn ――母、オードリーのこと』竹書房、二〇〇四年

日本ユニセフ協会「オードリー・ヘップバーンとユニセフの絆」https://www.unicef.or.jp/partner/audreyhepburn/

〈cc by John Mathew Smith & www.celebrity-photos.com〉

20

環境活動家

ワンガリ・マータイ（1940〜2011）

環境問題だけではない「緑の闘士」

小学校の道徳教科書では[★1]、ケニアの環境活動家ワンガリ・マータイが二〇〇五年に来日した際に[★2]「もったいない」という日本のことばと出会い、ものをむだにせず、敬い大切にする精神に感銘を受けたことが取りあげられています。彼女はこのことばを世界に広め、その考え方を環境保護活動に生かしたとされますが、マータイの功績はそれだけではありません。

★1　日本文教出版二〇二四年版、小学六年、学研二〇二四年版、小学五年。
★2　温暖化防止対策の国際的枠組みを取り決めた京都議定書の関連行事に出席するために来日した。

Q1 ケニアはイギリスの植民地だったのですか。

A ケニアは東アフリカの国で、四〇以上の多様な民族がそれぞれの地域で暮らしています。そのなかの最大の民族はキクユ人ですが、経済力を持つのは少数のイギリス系やインド系の人々です。

日本の教科書にはケニアの歴史についてあまり書かれていません。ケニアの植民地化は一九世紀末、ヨーロッパ列強諸国によるアフリカ分割[★3]にさかのぼります。イギリスは一八九五年にケニアを保護領とし、イギリス人移住者がつぎつぎに肥沃な土地を手に入れました。第一次世界大戦後の一九二〇年、ケニアは正式にイギリスの植民地となります。

イギリスはモンバサ[★4]からウガンダまでの鉄道を建設し、支配は内陸にまで及ぶようになりました[★5]。工事にはイギリスの植民地だったインドから多くのインド人が連れてこられ、定住して家族や親戚、知人を呼び寄せました。

支配者のイギリス人は、肥えた土地を現地の人々からとりあげ、そこで輸出用のコーヒーや茶の栽培、材木の切り出しをして儲《もう》けました。彼らが農場や牧場をつくった高原地帯は「ホワイト・ハイランド」と呼ばれました。

ワンガリ・マータイは、一九四〇年にケニア中部のイヒデ村で生まれました。父親はイギリス人が経営する農場の運転手でした。キクユ人の言葉でヒョウを「ンガリ」といい、「ワンガリ」という名前は「ヒョウに属するもの」という意味だそうです。当時は近くに豊かな森があり、水量の多い川が流れ、ヒョウをはじめさまざまな野生動物がみられました。

女子に勉強は必要ないとされる時代でしたが、マータイは母親の決断で小学校に入学し、優秀な成績で中学、高校へと進学します。一九五九年には大学入学資格を獲得し、二〇歳のときにはアメリカに留学することになりました。

★3　第10章シュヴァイツァーのQ2参照。

★4　現在ケニア第二の都市で、かつてはアラブ人とのインド洋交易で繁栄し、イギリスの支配下では重要な外港となった。

★5　一八九六年に鉄道建設が開始され、一九三一年に現在のウガンダの首都カンパラまで開通した。

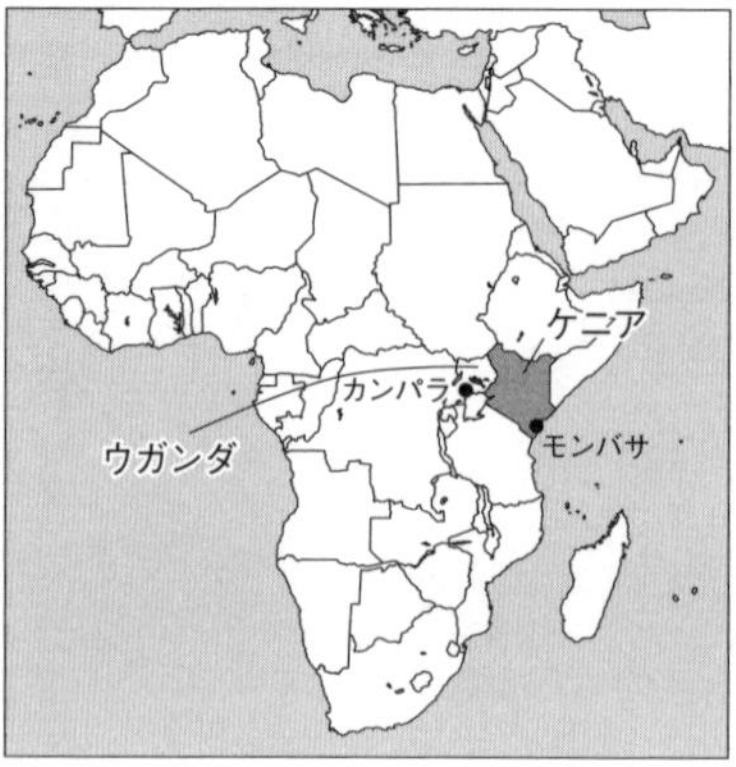

ケニアとウガンダ

Q2 イギリスからの独立運動はどのようなものでしたか。

A 第二次世界大戦後の一九四〇年代後半、キクユ人、ルオ人など複数の民族による独立をめざす動きが生まれ、四七年にはジョモ・ケニヤッタ[★1]が加わりケニア・アフリカ同盟が組織されます。

一九五〇年代、ケニアの独立運動ははげしさを増し、一九五二年、キクユ人を中心とするケニア土地自由軍が、白人の所有する農園への襲撃などをおこないました。[★2]イギリス人は彼らを「マウマウ団」[★3]と呼びました。イギリス本国が投入した五万人の正規軍に対して、ケニア土地自由軍はゲリラ戦を展開しました。

イギリスはケニア土地自由軍を「テロリスト」だと広め、彼らが拠点とする森をつぎつぎに焼きはらいました。土地自由軍の目的は何か、その主張が伝わらないまま、ケニア人は土地自由軍につくか、イギリス側につくか、二つに分断されていきました。ケニヤッタを含む何千人ものケニア人が投獄され、一万人を超える死者が出たといわれます。

一九六三年、ようやくケニアは独立を果たし、翌年にはケニヤッタが初代大統領となりました。ケニヤッタ政権は事実上の一党支配となり、批判もうけながら、一九七八年のケニヤッタ大統領の死去までつづきました。[★4]

★1 一八九三～一九七八年。キクユ人の独立運動家。「ケニヤッタ」の名前は、独立運動を開始したときに「ケニアの光」を意味する名前に改名したことによる。彼にちなんで国名がつけられたのではない。

★2 この背景には、第二次世界大戦で多くのケニア人がイギリス兵として戦ったのに見返りがなかったことへの不満などもあった。

★3 名称の由来には諸説あるが、イギリス側からの蔑称である。

★4 最大民族のキクユ人への優遇政策をとり、のちの民族対立につながったとされる。

マータイがアメリカに留学していた六〇年代の前半、アメリカは黒人の地位向上をめざす公民権運動の真っただ中にありました。マータイも黒人差別の現実に直面します[★5]。マータイはカンザス州の大学で生物学を学び、その後ピッツバーグ大学で修士号をとります。一九六六年にケニアに帰国したマータイは、ナイロビ大学の獣医学部で研究者となりました。

Q3 「グリーンベルト運動」とは何のことですか。

A 一九七〇年代、ケニアではつぎつぎと森が失われていきました。独立後も植民地時代と同じように、農地化などのために森の木が伐採されたのです[★1]。このため地すべりが頻発し、川は枯れ、野生動物は激減し、砂漠化が進行しました。マータイが研究調査に入った農村では開発などにより、農民の健康や生活がおびやかされ、環境問題が深刻になっていました。

七七年から彼女は「グリーンベルト運動」をたちあげます。森を復活させ、人々の暮らしを守る運動です。森は「宝物」であり、木を植えれば土壌が回復し、鳥や動物たちがもどると考えました。この年、マータイは女性団体をまとめるケニア全国女性評議会のメンバーに選ばれ、評議会で木を植える活動をしようと呼びかけました[★2]。

★5 それまで彼女は、アメリカのアフリカ系アメリカ人（黒人）については何も教えられていなかったという。

★1 大企業のプランテーションなどによる大規模伐採がおこなわれ、一九四〇年代から七〇年代までに森林面積は半分になったといわれる。

★2 一九七七年六月五日、「世界環境デー」にナイロビ市内の公園で七本の木を植えたのがはじまりとなった。

「グリーンベルト運動」は、「砂漠化は裏庭からはじまる」を合言葉に、女性たちを組織し植樹に取りくみました。木を植える大切さを農村で訴えると、村の女性たちは意欲的に植樹に取りくみ、活動はケニア各地に広がりました。一九八〇年代中ごろには、「グリーンベルト運動」には数十万人の人々が参加し、三〇年間で植えた木の数は、ケニアだけで三〇〇〇万本を超えたといわれます。「グリーンベルト運動」は国連環境計画からも資金を得て、アフリカの他の国にも広がりました。

女性を主体とした植樹活動の背景には、砂漠化という環境問題だけではなく、ケニア★3の女性の地位の低さや、女性の貧困の問題もありました。マータイは植樹活動を通して、女性の所得の向上や教育の問題にも取りくみます。植樹運動は女性の権利と社会参加をすすめるたたかいでもあったのです。

今日では、SDGs（持続可能な開発目標）運動が広がり、環境問題の解決における女性の役割の重要性と、持続可能な開発にとって女性の地位の向上が不可欠であることが、世界的に認識されるようになりました。マータイの植樹運動は、緑化だけでなく、さまざまな課題の解決につながります。このことが教科書の記述からわかるでしょうか。

グリーンベルト運動　© Green Belt Movement

★3　二〇二三年のジェンダーギャップ指数で一四六か国中ケニアは七七位（日本は一二五位）。

Q4 マータイは政府の弾圧に対してどんな抵抗をしたのですか。

A 一九七八年、ケニヤッタ政権で副大統領だったダニエル・アラップ・モイ★が大統領に就任します。八二年にはモイの政党だけを認める一党国家を国会が承認、憲法も改正されました。

強権的なモイ政権のもとで、人々は言いたいことも口にできず、政治の腐敗や汚職が頻発します。反体制派への弾圧など独裁的な手法への批判が高まり、モイ政権は九二年には複数政党制を認めるようになりましたが、それでもモイ大統領は選挙で勝利し、二〇〇二年まで五期二四年の長期政権を維持しました。

この間、環境問題の解決には政治の民主化が必要と考えたマータイは、八二年に国会議員になろうとしましたが、公然と政権を批判する彼女は、このときには立候補すらできませんでした。書類の不備を理由に立候補を阻止されたのです。

八九年、独裁を強めるモイ政権のもとで、首都ナイロビの中心部にあるウフル公園に、六〇階を超える高層ビルの建設が計画されます。マータイは市民の憩いの場である公園を守ろうと、グリーンベルト運動の支持者らとともに抗議運動をおこない、計画を中止に追いこみました。

★ 一九二四〜二〇二〇年。少数民族の出身で、自民族を優遇し多数派のキクユ人を冷遇したため、政治は混乱、経済の停滞を招いたが独裁政権を維持した。

現在のウフル公園〈cc by Alejandro Caceres〉

さらに、一九九八年にはナイロビの北、カルラの森の開発計画がもちあがります。数多くの動物や植物が生息していた森の工事がはじまると、マータイは工事の中止を訴え、土地を元にもどそうと、監視を突破して森に入り木を植える運動を展開し、この開発計画も中止させました。

モイ政権の反体制派弾圧はきびしくなり、投獄される人が増加します。マータイも何度も逮捕され、投獄されました。しかし、彼女は出所後も政治犯の解放と拷問反対を訴え、人権のためのたたかいをつづけました。国会議員に何度も立候補し、九七年には大統領選にも立候補しようとしました。このように彼女の活動は、ただ木を植えるだけではありませんでした。

Q5 マータイの活動はどのような評価を受けているのですか。

A モイ政権は、強まる政府批判をそらすため、民族間の対立を煽《あお》って乗りきろうとしました。九〇年代には、ケニア各地で民族紛争が起こります。マータイはそれぞれの民族を説得し、平和の象徴として、女性たちが育てた苗木を他の民族に贈るように提案します。木を通して平和の実現を呼びかけたのです。これには「グリーンベルト運動」でつくられたネットワークが役にたちました。

カルラの森〈cc by Ninaras〉

ノーベル賞授賞式でメダルと賞状を掲げるマータイ〈cc by Nobel Committee〉

二〇〇二年、ようやくモイの独裁政権が倒れました。マータイは国会議員となり、新政権のもとで環境・天然資源・野生動物省の副大臣となります。二〇〇四年にはアフリカ人女性として初めて[★1]ノーベル平和賞を受賞。そして翌年来日し、彼女が主張する資源の有効活用を[★2]「もったいないキャンペーン」として世界に広めることにしました。

受賞はマータイの長年にわたる環境、人権、貧困を撲滅するための活動が評価された、環境分野における史上初のノーベル平和賞でした。受賞理由には、環境とともに民主主義と平和への貢献があげられています。

彼女は自伝の中で、「正しいとわかっているとき、声をあげることを恐れてはいけません。恐れたままでいて、安全が保障されたことなど一度もないのですから」、また、「木を植えることは、平和と希望の種を植えることです」と述べています。彼女の代名詞である「緑の闘士」とは、環境問題への取りくみだけではないことがわかります。

二〇一一年、マータイはがんのため七一歳で亡くなりました。政府主催の国葬がナイロビのウフル公園でおこなわれ、「木を使わないで」という彼女の遺言により、棺《ひつぎ》は竹と水草でつくられ、薪を使わずガスの炎で火葬されました。

★1　それまで平和賞は戦争や紛争の解決や人権問題に取りくんだ人に与えられる賞だったが、最近では環境問題などに取りくんだ人も対象となっている。

★2　環境を守る共通語として「MOTTAINAI」という日本語を世界共通語として広めることを提唱した。現在、SDGs（持続可能な開発目標）への関心が高まるなか、このことばが再認識されているといわれる。

さらに読んでみよう

ワンガリ・マータイ著／小池百合子訳『UNBOWED　へこたれない――ワンガリ・マータイ自伝』小学館、二〇〇七年

ワンガリ・マータイ著／福岡伸一訳『モッタイナイで地球は緑になる』木楽舎、二〇〇五年

本書でとりあげた人物と「道徳」の教科書一覧

1　伊能忠敬『小学道徳　生きる力６』日本文教出版、二〇二四年版
2　上杉鷹山『新中学生の道徳　明日への扉３』学研、二〇二〇年版
3　リンカン『新版　みんなの道徳６』学研、二〇二四年版
4　ナイチンゲール『道徳５　きみがいちばんひかるとき』光村図書出版、二〇二四年版
『新版　みんなのどうとく３』学研、二〇二四年版
5　西郷隆盛『中学道徳３　とびだそう未来へ』教育出版、二〇一九年版
6　渋沢栄一『小学道徳５　はばたこう明日へ』教育出版、二〇二四年版
7　嘉納治五郎『新・中学生の道徳　明日への扉１』学研、二〇二一年版
『道徳　中学校１　生き方から学ぶ』日本教科書、二〇一九年版
8　新渡戸稲造『小学道徳６　はばたこう明日へ』教育出版、二〇二四年版
『新版　みんなの道徳５』学研、二〇二四年版
9　津田梅子『新版　みんなの道徳４』学研、二〇二四年版
10　シュヴァイツァー『新版　みんなの道徳３』学研、二〇二四年版
11　上村松園『新版　みんなの道徳６』学研、二〇二四年版
12　野口英世『小学道徳６　はばたこう明日へ』教育出版、二〇二四年版
13　ヘレン・ケラー『新版　みんなの道徳４』学研、二〇二四年版
14　八田與一『道徳　中学校１　生き方から学ぶ』日本教科書、二〇一九年版
15　杉原千畝『小学道徳　生きる力６』日本文教出版、二〇二四年版
『小学道徳６　はばたこう明日へ』教育出版、二〇二四年版
16　マザー・テレサ『道徳６　きみがいちばんひかるとき』光村図書出版、二〇二四年版
『新版　みんなの道徳６』学研、二〇二四年版
『小学道徳　ゆたかな心　５年』光文書院、二〇二四年版
17　キング牧師『小学道徳５　はばたこう明日へ』教育出版、二〇二四年版
18　ネルソン・マンデラ『中学生の道徳　自分をのばす３』あかつき教育図書、二〇一九年版
19　オードリー・ヘップバーン『中学道徳　明日を生きる３』日本文教出版、二〇二一年版
20　ワンガリ・マータイ『新版　みんなの道徳５』学研、二〇二四年版
『小学道徳　生きる力６』日本文教出版、二〇二四年

著者
石出法太（いしで・のりお）
1953年生まれ。立正大学非常勤講師。歴史教育者協議会会員。

石出みどり（いしで・みどり）
1954年生まれ。東京都立大学・都留文科大学・立正大学非常勤講師。歴史教育者協議会会員。

二人の共著書に『これならわかる戦争の歴史Q&A』『これならわかるオリンピックの歴史Q&A』『これならわかるイギリスの歴史Q&A』『これならわかるアメリカの歴史Q&A』（いずれも大月書店）ほか多数。

装幀・本文デザイン　谷元将泰

これならわかる道徳教科書の人物Q&A

2024年2月15日　第1刷発行

定価はカバーに表示してあります

著者　石出法太
石出みどり
発行者　中川進

〒113-0033　東京都文京区本郷2-27-16
発行所　株式会社　大月書店
印刷　太平印刷社
製本　中永製本
電話（代表）03-3813-4651　FAX 03-3813-4656　振替00130-7-16387
http://www.otsukishoten.co.jp/

ISBN978-4-272-50229-5　C0023　Printed in Japan